ŒUVRES

DE

SAINT-SIMON & D'ENFANTIN

PRÉCÉDÉES DE DEUX NOTICES HISTORIQUES

XVIIᵉ VOLUME

IMPRIMERIE L. TOINON ET C°, A SAINT-GERMAIN.

ŒUVRES
D'ENFANTIN

PUBLIÉES PAR LES MEMBRES DU CONSEIL

INSTITUÉ PAR ENFANTIN

POUR L'EXÉCUTION DE SES DERNIÈRES VOLONTÉS

TROISIÈME VOLUME

PARIS

E. DENTU, ÉDITEUR

LIBRAIRE DE LA SOCIÉTÉ DES GENS DE LETTRES

PALAIS-ROYAL, 17 ET 19, GALERIE D'ORLÉANS

—

1868

ŒUVRES D'ENFANTIN

LES ENSEIGNEMENTS

QUINZIÈME ENSEIGNEMENT

Le PÈRE. — Mes enfants, j'avais chargé Lambert de réunir plusieurs d'entre vous, afin de leur faire un enseignement spécial que nous avions reconnu leur être nécessaire. Lambert s'est plaint à moi de ce que la plupart de ces personnes ne s'étaient pas trouvées au rendez-vous. Lambert commencera notre réunion d'aujourd'hui par dire quelques mots sur le caractère de cet enseignement projeté.

Lambert. — Oui, PÈRE, je me plains de ce que la plupart des personnes qui devaient venir hier matin, à huit heures, à l'enseignement que vous m'avez chargé de faire, ne s'y sont pas rendues ; deux seulement ont été exactes.

Cet enseignement devait porter sur les idées que nous a données le PÈRE, concernant les relations MORALES *de l'homme et de la femme*, et en général sur le caractère de notre APOSTOLAT actuel. Or ce qui lui donne spécialement son caractère, c'est la *réhabilitation de la* MATIÈRE.

Cette grande œuvre se présente sous trois aspects distincts, selon que l'on considère la matière dans l'ordre *philosophique, métaphysique*, ou *dogmatique*, ou bien dans l'ordre *politique* ou *industriel*, c'est-à-dire comme base du *culte*, ou bien enfin dans l'ordre MORAL OU RELIGIEUX, c'est-à-dire dans les rapports d'AFFECTION qui UNISSENT les êtres.

Mais c'était principalement sous ce dernier rapport, et spécialement sur les termes dans lesquels le PÈRE a conçu *l'appel de la* FEMME, que je voulais donner des éclaircissements aux personnes qui en auraient eu besoin.

Ces termes sont basés sur une TRINITÉ dans l'ordre MORAL, TRINITÉ qui n'est, sous le rapport des AFFECTIONS, des PASSIONS, qu'une transformation de notre ancienne TRINITÉ, AMOUR, *intelligence* et *force*, ou bien VIE, *temps* et *espace*, ou bien encore INFINI, *unité, multiplicité.*

Ainsi, dans les relations entre l'HOMME et la FEMME, ce qui correspond à l'idée de *temps*, c'est la *durée*, la constance, comme en métaphysique c'était l'*unité;* et ce qui correspond à l'*espace*, c'est l'*inconstance*, la *mobilité*, comme en métaphysique c'est la multiplicité. Enfin, la nature SACERDOTALE serait l'UNION de ces deux natures, l'*unité* et la *multiplicité*, la *constance* et la *mobilité*, c'est-à-dire qu'elle consistait dans l'UNION *intime, profonde, durable, éternelle* des membres du COUPLE *homme* ET *femme*, sans empêcher que l'affection de chacun des membres du couple se répande sur les êtres qui les entourent.

Ce que je voulais surtout vous faire remarquer, c'est la religieuse *audace* du PÈRE dans l'émission de sa pensée, et en même temps la religieuse *réserve* qui l'a empêché, lui HOMME, de poser des LIMITES à l'influence *charnelle* et *spirituelle* que le COUPLE PRÊTRE devra exercer sur les fidèles. Cette dernière observation me paraît même si importante à méditer, lorsqu'on veut enseigner les idées nouvelles, que je ne concevrais pas l'APOSTOLAT possible pour qui n'en serait pas très-profondément pénétré.

Et, en effet, quiconque voudrait poser des LIMI-
TES aux relations du PRÊTRE et de la PRÊTRESSE,
avant que la FEMME les ait posées elle-même, non-
seulement attenterait à la liberté de la FEMME,
mais encore serait conduit, par suite de ces LIMITES
elles-mêmes, à des exclusions, à des anathèmes,
à des réprobations qu'il ne saurait justifier, puisque l'opinion de la FEMME lui manquerait à cet
égard.

Je le répète, c'était donc moins pour développer
les *théories* MORALES du PÈRE, que pour vous
faire sentir (quelles que fussent vos répugnances
particulières à ce qu'aucune LIMITE ne soit posée),
que le PÈRE, que l'HOMME ne pouvait pas LIMITER
l'influence du COUPLE, et même que notre langage
perdrait son énergie, sa franchise et sa puissance,
si nous ne savions pas faire ressortir cette *liberté*
que la parole du PÈRE a dû laisser pleine et entière à la FEMME.

C'était donc surtout, je le répète, pour les personnes qui ne comprendraient pas bien la *hardiesse*,
l'*audace*, la sainte *insolence* de la parole du PÈRE,
et en même temps pour ceux qui n'en apprécie-
raient pas toute la *prudente et délicate réserve*,
que j'aurais fait un enseignement.

Quant aux personnes qui auraient désiré des

développements sur les *théories* MORALES, je pourrais leur en donner en particulier, car je ne vois plus, sous ce rapport, la nécessité d'un enseignement général.

Je ne sais si j'ai été bien compris.

Le PÈRE. — Tu as raison d'attacher autant d'importance à justifier l'*audace* et la *réserve* que l'HOMME *seul* a dû employer dans son appel à la FEMME ; appuie particulièrement sur ce fait, savoir : que l'HOMME qui aurait prétendu poser une loi MORALE, et qui l'aurait formulée comme s'il avait prévu les conditions de *convenance*, de *pudeur*, de *décence*, aurait manqué à sa qualité d'HOMME et surtout à la liberté de la FEMME ; et il aurait grossièrement méconnu la FEMME, s'il avait pensé qu'il appartînt à un HOMME de donner à la loi MORALE le caractère que je viens d'indiquer.

Les personnes qui n'ont pas suivi les *théories* sous ce rapport feront bien de le dire ici, afin de recevoir sur ce point l'enseignement de LAMBERT, car il est très-important que nous soyons parfaitement d'accord sur les termes de l'*appel*.

Paquier. — Les termes de l'*appel* ne m'embarrassent pas ; ce qui m'embarrasse, c'est la conduite que nous devons tenir, jusqu'à la promulgation de la loi MORALE définitive. Je ne me sens pas trop la force de pratiquer la MORALE chrétienne, comme vous nous l'avez recommandé.

Le PÈRE. — Tu fais bien de soulever cette question, car je voulais vous donner une explication à ce sujet.

Je vous ai dit en effet, à la *salle Taitbout*, que vous deviez vous conformer à la morale CHRÉTIENNE; le mot m'est échappé, il ne rendait pas clairement ma pensée. Aussi, dans ce moment où je fais imprimer les séances des 19 et 21 novembre, j'ai rectifié l'erreur que j'avais commise. Au lieu de dire morale CHRÉTIENNE, j'aurais mieux fait de dire morale PUBLIQUE; mais ce mot est tellement vague et insaisissable, qu'il ne s'est pas présenté à moi quand je voulais vous tracer une règle de conduite. Cependant, il rend bien mieux ma pensée. Au reste, ce que je désire, ce que je veux, c'est que nous ne commettions aucun acte qui puisse nous faire accuser légitimement, par toute personne réputée raisonnable et éclairée dans le monde, qui puisse nous faire accuser, dis-je, d'IMMORALITÉ.

Et réellement rien n'est plus facile; notre œuvre est si grande et si belle, que nous avons en nous une condition de MORALITÉ que personne au monde n'a aujourd'hui. Je vous ai parlé de l'importance de l'*habit* APOSTOLIQUE, et malheureusement ce style est encore figuré, car nous n'avons pas encore la puissance de revêtir un *costume* particulier. Si nous en avions un, il servirait de garantie de notre MORALITÉ, et c'est la meilleure qu'on puisse offrir. Mais aussi les actes réputés IMMORAUX dans le monde extérieur, lorsqu'ils seraient commis par nous, présenteraient un caractère bien autrement grave que celui de semblables actes commis par d'autres que nous. Aussi devons-nous avoir une règle de conduite beaucoup plus sévère que qui que ce soit, et sans pousser l'observation de la MORALE CHRÉTIENNE jusqu'à ses pratiques les plus austères, nous devons nous conduire de manière à ne pas encourir le reproche d'IMMORALITÉ, de la part d'un monde qui vit encore des restes de la foi CHRÉTIENNE.

Paquier. — Ce que vous venez de me dire, PÈRE, me satisfait complétement; c'était même la règle de conduite que je m'étais faite; j'avais adopté pour principe de ne rien faire qui pût choquer le monde; mais la MORALE CHRÉTIENNE avait quelque chose qui me répugnait trop, pour que je puisse consentir à la pratiquer à la lettre.

Le PÈRE. — Encore un coup le terme était mauvais; mon intention n'a certes pas été, en vous disant de vous conformer à la MORALE CHRÉTIENNE en attendant la MORALE définitive, de vous demander l'ascétisme d'un moine ; non sans doute; je vous ai même fait observer que l'état de la DOCTRINE me rendait pénibles des prescriptions de ce genre, parce que nous n'apportions pas à l'homme qui *mortifie* sa CHAIR une récompense semblable à celle que le christianisme lui promettait. Nous ne pourrions certainement pas supporter aujourd'hui une contradiction aussi manifeste entre nos espérances et la réalité, entre notre théorie et notre pratique, si nous voulions *martyriser* notre CHAIR comme un CHRÉTIEN, nous qui annonçons sa *réhabilitation.*

Nous avons dit souvent que nous ne venions pas rompre avec le monde, mais l'appeler à nous, le convertir ; plus nous avancerons et plus nous perfectionnerons nos relations avec lui. Nous avons d'abord été trop rudes, trop brutaux avec le monde ; il faut maintenant que nous cherchions à l'attirer en lui montrant que nous ne sommes pas trop loin de lui; si nous voulions en ce moment lui faire voir en nous des vertus qui lui semblent impossibles, comme JÉSUS dut le faire de son temps, ces vertus surnaturelles ne nous feraient pas mieux comprendre ; nous n'avons pas à *réagir* autant que les chrétiens contre le monde, notre mission est de *développer*. Le seul miracle que nous puissions faire aujourd'hui, c'est d'annoncer une terre nouvelle, en restant sur la terre qui nourrit les autres hommes ; c'est de vivre avec eux quoique nous mêlions à leur vie une vie nouvelle ; sans cela on nous verrait guindés sur des échasses, et l'on ne voudrait pas seulement nous écouter.

Ceci m'amène à vous parler de l'événement qui vient de se passer parmi nous. Il y a quelques jours, je vous disais qu'il nous fallait un coup de *tam-tam* ; eh bien le coup de *tam-tam* est donné.

Grâce aux poursuites que l'on dirige contre nous, le monde s'occupe de nous plus qu'il ne l'a jamais fait ; cette nouvelle attention qu'il nous donne, et, d'un autre côté, les petites persécutions dont on nous tourmente, vont nous faire modifier assez fortement notre APOSTOLAT. Notre parole publique va être gênée, c'est un signe qu'une autre face de notre vie va se développer d'autant plus, pour compenser cette gêne. Si notre *parole* est suspendue, le *Globe* sera plus puissant, nos *conversions* plus actives ; si nos *enseignements* sont contrariés, notre pratique sera plus large ; si l'on se joint à nous pour éclipser notre *dogme*, c'est que notre *culte* va naître.

Voici quelques-uns des changements que cet

événement me fait désirer d'introduire d'abord dans notre marche.

Nous n'avons pas encore attaqué d'une manière profonde et suivie la question MORALE dans le *Globe;* nous allons le faire. BARRAULT et RETOURET, au lieu de *prêcher*, feront des articles. *Guéroult* a dit l'autre jour qu'il était pressé d'écrire sur ce sujet, il écrira. *Bourdon* et *Cazavan* ont déjà travaillé dans le *Globe*, ils continueront ; voilà cinq personnes qui vont s'occuper activement de la rédaction du *Globe*, et qui seront chargées spécialement de la MORALE.

Je tracerai tout à l'heure le cadre général de ces travaux, afin de vous faire sentir comment la propagation de nos idées sur la MORALE doit se faire par l'*écriture*, tandis que d'un autre côté nous la ferons par la *parole*.

Il est possible que nous ayons de la peine à avoir nos nombreuses réunions d'OUVRIERS du mercredi, et que nous soyons forcés de nous borner à nos *centres*, et à des petits *centres* secondaires, dans nos quatre divisions de PARIS. Mais les difficultés qui nous sont faites, les obstacles qu'on nous oppose, vont être très-favorables à la propagation dans les classes OUVRIÈRES. La maladresse, je dirai même la bêtise que montre le gouvernement en nous attaquant, fera recevoir notre parole avec intérêt et bienveillance dans le peuple ; car aujourd'hui il suffit que le pouvoir sévisse contre quelqu'un, pour qu'on s'intéresse à l'opprimé ; cette petite persécution excitera donc partout en notre faveur, sinon de la sympathie, au moins une curiosité affectueuse.

Je recommande de faire sentir toute l'importance de ce fait, comme moyen de propagation, à nos OUVRIERS ; c'est un élément de *popularité* que le gouvernement, en se compromettant aussi grossièrement avec nous, nous a donné, et que nous ne devons pas négliger.

Parmi nos œuvres actuelles, je mets dans les premiers rangs nos relations avec les INGÉNIEURS ; les écoles des *mines*, des *ponts*, de METZ, et les INGÉNIEURS des départements vont fort bien. Ces rapports peuvent faire espérer d'avoir là un bel *état-major de l'armée pacifique des* TRAVAILLEURS. Déjà un assez grand nombre sont ralliés à nous, et nous permettent d'organiser activement nos efforts de conversions.

LAMBERT est spécialement chargé de diriger l'enseignement fait à PARIS à tous les INGÉNIEURS ; et FLACHAT s'occupera, de concert avec MICHEL et *Péreire,* d'organiser dans les bureaux du *Globe* une *correspondance* spéciale avec les INGÉNIEURS des départements, afin de les préparer aux œuvres *industrielles* que nous devons bientôt entreprendre et qui seront vraiment nos premiers actes POLITIQUES.

Enfin nous chercherons à poser les jalons sur la FRANCE tout entière, qui rattachés les uns aux autres formeront une espèce de réseau du corps des INDUSTRIELS ; ce qui plus tard nous permettra d'entreprendre ou tout au moins de provoquer un large plan de travaux.

Ceci m'amène à vous parler de notre influence POLITIQUE.

Nous sommes arrivés à une époque où nos idées *économiques* sont tellement répandues, que l'enseignement de ces idées n'exige plus beaucoup d'efforts APOSTOLIQUES en raison du grand nombre d'hommes qui, hors de nous, les possèdent et les répandent. Dans un pareil moment, il est intéressant de faire notre statistique, non-seulement celle du CLERGÉ mais celle des *fidèles* qui, à un jour plus ou moins éloigné, et dans toutes les positions sociales, seront prêts à répondre à un appel. Notre CLERGÉ ne doit pas se recruter, il est assez nombreux comme noyau APOSTOLIQUE, et nous ne devons plus, que dans de rares exceptions, déranger des hommes de la position qu'ils occupent dans le monde ; nous devons plutôt les engager à y rester, en soutenant leur foi autant qu'il sera en nous de le faire, et utilisant cette foi dans le cercle qu'ils embrassent; car certainement il nous serait impossible d'employer dans notre sein nos *fidèles* aussi utilement que nous pouvons le faire dans le monde.

Dans ce dernier événement, nous avons acquis la certitude que nous avions plus d'amis que nous ne le pensions. Si cette amitié ne s'est témoignée qu'avec une foule de réserves, nous ne saurions nous en étonner ; ce sera seulement à l'époque où la doctrine aura un caractère POLITIQUE très-prononcé, que des hommes qui ne nous ont compris jusqu'ici qu'en partie nous comprendront tout entiers; car ils verront alors clairement leur place, leur fonction et leur rétribution dans notre œuvre.

Le dernier motif que je viens de citer est extrêmement important à une époque d'*égoïsme* comme la nôtre, songeons aujourd'hui beaucoup aux hommes qui se convertiront lorsqu'ils trouveront dans notre foi leur *intérêt* PERSONNEL , nous qui l'avons d'abord embrassée dans l'*intérêt* SOCIAL seulement.

Je reviens actuellement à la forme que je désire voir donner à notre apostolat MORAL.

Cette forme nous a été clairement révélée par le

dernier événement. Tous les hommes qui nous ont approchés ces jours-ci, depuis le dernier soldat jusqu'au procureur du roi, ont été particulièrement frappés du calme qu'ils ont vu régner parmi nous pendant leur visite inquisitoriale, du calme que la parole de BARRAULT commanda à la *salle Taitbout* après l'émotion qu'y avait produite la présence inattendue du procureur du roi. Ce qui les a surtout étonnés, c'est l'entourage d'affection qu'ils ont trouvé près de MOI, et qui leur paraissait inconcevable.

C'est qu'en effet ce sont les formes les plus puissantes de propagation qu'il soit possible d'employer. Par là nous donnons un gage de notre volonté ferme et pacifique, et de l'influence qu'une pareille volonté exerce sur les masses, comme moyen d'ordre, et nous montrons aussi l'imperturbable assurance de notre foi, qui nous garantit un progrès pour chaque lutte qu'on nous suscite ; progrès pour nous et pour celui même qui nous attaque, car nous ne serions pas calmes si le progrès était pour nous seuls.

Je l'ai déjà dit à plusieurs d'entre vous, il faut que le gouvernement soit dans cette circonstance un instrument de POPULARITÉ pour votre PÈRE, et qu'en nous touchant TOUS en MOI, il propage notre foi, et nous donne une importance POLITIQUE que nous n'avions pas. En d'autres termes, il faut qu'on sente que c'est un CHEF sur qui l'on a porté la main lorsqu'ils m'ont touché; c'est à vous à le leur apprendre et à l'apprendre surtout aux PROLÉTAIRES, parce que ce sont eux qui savent le mieux ce que c'est que l'affection et le dévouement pour un CHEF. Le PEUPLE n'hésite pas à renverser celui par qui il ne se croit pas aimé, mais il élève bien vite et bien haut celui qu'il aime.

Rappelez-vous ce que je vous ai dit dans une de nos premières réunions : « Nous avons de grandes » choses à faire, et quand il y a de grandes choses » à faire, ce sont de grands hommes qui les font, » un grand homme qui les commande. » Il faut donc qu'ils sachent quel est l'homme qu'ils ont interrogé ces jours-ci : c'est sous cette forme que nous devons en ce moment propager notre foi.

Bazin n'est pas ici, je crois?

(*Plusieurs voix.* — *Il est indisposé.*)

Bazin m'a frappé ces jours-ci; il mettait en dehors de lui avec une grande puissance, ce que je voyais dans tous, et cela sortait avec une vigueur et une abondance remarquables. Lorsque le PROLÉTAIRE apprendra par des hommes tels que *Bazin*, ce que sont les PRÊTRES de la foi nouvelle, notre rôle POLITIQUE commencera.

Avez-vous bien senti tous le pas énorme que nous faisions, le jour où, accusés d'*escroquerie*, nous avons vu les journaux, en général, garantir, sous ce rapport, notre MORALITÉ, notre *probité ?* Des hommes qui ont déjà la réputation d'avoir posé en POLITIQUE des questions bien larges, d'avoir même changé le terrain des discussions, qui de plus sont signalés, par le juge même qui m'a interrogé, comme ayant fait des études profondes, et sont connus pour être passés presque tous par les écoles *savantes*, enfin des hommes auxquels on concède la MORALITÉ, n'ont plus qu'un titre à mériter pour oser, sans trop d'insolence, se nommer *puissance;* ils ont la MORALITÉ et la *science*, il faut qu'on les voie à la *pratique*, à *l'œuvre*.

Voilà déjà que, dans leur réquisitoire, on nous accuse de vouloir changer l'ordre établi; j'ai vu même, dans un rapport de police, qu'on parle de notre espoir de réaliser POLITIQUEMENT notre foi, en *quelques années*. Le fait est que, lorsque nous avons pris l'héritage de SAINT-SIMON, nous comptions sur quatre ou cinq siècles pour la réalisation de la doctrine, et ces calculs ont duré jusqu'à la *Révolution de juillet;* alors nous avons réduit cet espace de temps à un demi-siècle; peut-être aujourd'hui, en considérant les immenses progrès que nous avons accompli dans l'espace d'une année, et certains comme nous le sommes que la question MORALE dont nous allons nous occuper va donner, hors de nous, à nos idées POLITIQUES un développement prodigieux, peut-être qu'aujourd'hui, pour ces motifs, on peut hardiment réduire ce demi-siècle; mais pour cela, ayez toujours présent ce que je vous disais tout à l'heure, faites sentir au monde qu'il est près de nous, et que nous ne sommes plus comme autrefois à une si grande distance de lui.

A l'époque du *Producteur*, M. LAFFITTE nous dit un jour très-spirituellement, à RODRIGUES et à MOI : « Vous placez vos affiches trop haut, on ne » peut pas les lire. » Le mot était fin et s'applique à ce que je viens de dire. Depuis lors il paraît que nous avons descendu nos affiches, ou que l'on a bien grandi, car elles ont été lues. L'une et l'autre cause y ont contribué : nous nous sommes rapprochés du public et il a marché vers nous. Le fait est que nous avions parlé d'abord une langue qui n'était qu'à l'usage des savants; notre style POLITIQUE nous a un peu vulgarisés, mais ce qui doit nous faire connaître et sentir par tous, ce sera notre MORALE, parce qu'il n'est personne qui échappe aux relations qu'elle embrasse.

Maintenant revenons donc à l'enseignement direct des *théories* MORALES.

Nous avons à faire ici, à l'égard du CHRISTIANISME, ce que nous avons fait pour la POLITIQUE ; ainsi nous avons réhabilité avec DE MAISTRE l'*autorité* catholique, la *hiérarchie* de l'Église, et nous avons rendu justice au moyen âge, dans sa grande division en *spirituel* et *temporel*. Nous devons faire des travaux semblables dans la MORALE, afin de faire sentir toute la grandeur de l'époque où le CHRISTIANISME a donné sa loi de réprobation contre la *chair* et d'exaltation de l'*esprit*. Pour cela nous nous occuperons plus de son *culte* que de son *dogme*, et nous montrerons combien ce double but était largement poursuivi par toutes les *pratiques* de la foi CHRÉTIENNE.

Ces travaux sont déjà bien avancés, parce qu'ils se relient intimement avec nos travaux POLITIQUES ; il nous suffira de revoir les cérémonies du *culte* CATHOLIQUE, les *sacrements*, les dévotions particulières à la *Vierge* et aux saints, et principalement la *confession*, pour faire ressortir tout ce qu'il y avait de grand et d'élevé dans cet enseignement continuel que l'humanité chrétienne a reçue pendant dix-huit siècles. De là nous serons naturellement conduits à examiner comment, lorsque l'influence du catholicisme s'est perdue, quand le *culte* n'a plus eu de puissance sur le fidèle, quand la *confession* a été tournée en dérision, comment alors le développement MORAL de l'humanité, qui ne pouvait s'arrêter, a fait naître d'autres puissances que celles consacrées par l'Église.

Ainsi, par exemple, cette belle division du CLERGÉ en CLERGÉ *régulier* et CLERGÉ *séculier* fut remplacée par une division analogue opérée en dehors de l'Église entre les nouveaux directeurs MORAUX de la société. Une foule d'hommes qui avaient étudié, comme le CLERGÉ *régulier*, les passions humaines, qui avaient comme lui analysé tous les *cas de conscience*, mais qui, plus que lui, vivaient de la vie réelle du monde, inventaient de nouvelles formes pour communiquer à la société le résultat de leurs études. De même, tandis que le CLERGÉ *séculier* voyait les pompes de ses cérémonies se ternir, et ses temples moins fréquentés par les fidèles, d'autres hommes agitaient le peuple, l'amusaient, parlaient à ses passions, au moyen d'une pompe nouvelle, avec de nouvelles cérémonies, et l'appelaient dans de nouveaux temples. Alors en effet le catholicisme était amaigri par la *réforme*, le culte perdait sa poésie dans le *protestantisme*, et le *ministre* n'ayant plus l'inspiration du PRÊTRE, laissant froidement tomber l'écriture morte de sa BIBLE sur les fidèles, loin d'émouvoir le monde, le fatiguait et l'endormait.

Eh bien alors le CLERGÉ *régulier* et le CLERGÉ *séculier* furent remplacés, le premier par les littérateurs profanes, et surtout par les *romanciers ;* le second, par les auteurs *dramatiques*, et par les *acteurs* même. Le confessionnal fut transformé en boudoir, et le temple en théâtre.

C'est en effet par les *romans* et le *théâtre,* que se continue l'éducation MORALE, à mesure que décroît l'influence de l'Église, à mesure que les couvents et les cathédrales voient s'éteindre leurs lumières.

Nous examinerons donc attentivement et nous comparerons les travaux de l'*Église* et ceux du *théâtre,* les œuvres des *moines* et celles des *romanciers ;* et nous trouverons, dans le passage des uns aux autres, l'indication des jouissances MORALES que l'humanité réclame, depuis qu'elle s'est suffisamment assimilé l'éducation CHRÉTIENNE ; en un mot, nous y découvrirons le germe de l'avenir, car cette lutte même entre le *théâtre* et l'*Église* résume très-clairement les douleurs de l'enfantement du monde MORAL nouveau.

Il nous sera facile de retrouver ici notre triple

division des partis MORAUX, analogues aux partis POLITIQUES ; vous verrez le parti du *mouvement* et celui de la *résistance,* et aussi le *juste milieu ;* et nous les jugerons avec la même sympathie, la même bienveillance universelle.

De là résultera un *appel* spécial aux êtres qui, dans ces trois branches de l'ordre MORAL, doivent les premiers venir à nous ; mais n'oublions pas que nous devons établir entre eux une *hiérarchie*, et *choisir*, car tous seront appelés et tous seront élus, mais, comme dit RODRIGUES, élus *successivement.*

Pour bien vous faire comprendre ma pensée, je vous rappellerai ce que je vous disais du caractère de notre apostolat, le jour où je vous parlais de la *gloire*.

La *gloire* et l'*humilité*, l'*égoïsme* et l'*abnégation*, l'*intérêt* et le *devoir*, vous ai-je dit, sont deux formes de la vie MORALE, également saintes pour nous ; et cependant, pour la phase apostolique dans laquelle nous sommes, nous devons attirer les hommes qui sont amants de la *gloire*, et ceci correspond, comme je vous l'ai encore dit, à notre appel à la FEMME.

Toutefois, comme nos imperfections, à nous qui n'avons pas de dogme *exclusif,* sont toujours des indications du progrès vers lequel nous marchons, et dont nous avons conscience, quoique nous ne l'ayons pas encore réalisé, la forme que nous donnons à notre appel doit être influencée par le sentiment de ce qui nous manque. Ainsi, par exemple, précisément parce que la vertu PAÏENNE se sentira naturellement entraînée vers nous, nous devons surtout chercher à faire comprendre que la vertu CHRÉTIENNE aura dans l'avenir une satisfaction plus grande et plus large que celle que le CHRISTIANISME lui-même pouvait lui donner. Le CHRÉTIEN n'a jamais pu exercer le sentiment d'*abnégation* d'une manière aussi complète qu'il pourra le faire dans l'avenir; il a pu anéantir son individualité devant les *douleurs* de ses frères, mais il n'a pu s'associer de la même manière à leurs *joies;* lui qui savait si bien souffrir de la souffrance des autres, il ne savait pas jouir de leurs plaisirs. Or l'homme qui met sa *personnalité* en seconde ligne, qui est toujours prêt à se *dévouer* à son prochain, n'aura vraiment satisfaction de son être, que lorsqu'il pourra se *dévouer* à la nature contraire à la sienne, au lieu de la réprouver comme le faisait un *dévot* CHRÉTIEN, qui *exaltait* sa personnalité pour CONDAMNER, au lieu de l'*humilier* pour s'ASSOCIER à des joies qu'il anathématisait. Lorsque nous aurons fait sentir à l'homme de l'*humilité* que la *gloire* n'est pas une arme de Satan, il trouvera du bonheur à céder au *glorieux* la place qu'il ambitionne, et ne sera pas toujours occupé à rabaisser son *orgueil*, à le martyriser dans le point le plus sensible de sa vie ; au contraire, il cherchera à lui procurer les joies que celui-ci recherche, le luxe et la pompe qu'il désire, lorsque ce ne sera plus un péché pour lui de se conduire ainsi ; lorsque, loin de se croire impie, il se sentira religieux et saint, en permettant à d'autres ce qu'il ne recherche pas pour lui-même. C'est à nous à lui donner ce sentiment de douce *tolérance* que le christianisme ne lui donnait pas, car il lui apprenait à mépriser des hommes qu'il tolérera d'abord, certain de finir par les aimer un jour. Alors, sans manquer à sa foi, il se fera l'instrument du bonheur de ceux qu'il aurait condamnés aux flammes éternelles ; alors cet homme du *sacrifice* viendra à nous, car il trouvera en nous le plus noble exercice de sa vertu, l'*abnégation* la plus sainte.

Je le répète encore, les hommes de la *gloire*, de la *chair*, du *culte*, ceux qui aiment la *pompe*, les *plaisirs* et les *arts*, qui veulent *commander, réaliser, agir*, ceux qui sont *ambitieux, ardents, volontaires*, enfin tous ceux qui sont en harmonie avec le caractère saillant des *théories* morales par

lesquelles nous préparons la *réhabilitation de la*
CHAIR, tous ceux-là sont, pour ainsi dire, poussés
instinctivement vers nous, et nous n'avons presque
pas à nous occuper des moyens de les attirer. C'est
donc particulièrement d'après les exigences de ceux
qui ont une nature opposée, que nous devons régler
nos paroles et nos actes, que nous devons donner à
notre vie la forme la plus capable de combattre le
premier sentiment de répulsion qu'ils éprouveront,
soit en lisant nos *théories*, soit surtout en écartant
le jugement qui sera en général porté sur nous.

Telle est notre FOI, elle nous empêche de tomber
jamais dans les *extrêmes;* si nous donnons un développement spécial à l'une des faces de notre vie,
nous sommes avertis qu'il faut veiller avec plus de
sollicitude sur l'autre, et lui préparer à elle-même
un développement futur, sous peine de faillir.

Faisons donc en ce moment un retour sur nous-
mêmes; examinons si nous n'avons pas quelquefois
porté dans l'expression des idées MORALES nouvelles
une légèreté, et je dirais une indélicatesse condam-
nables, ne tenant pas compte de la douleur que
leur brusque révélation pouvait causer à certaines
natures. Demandons-nous encore si la scission qui
nous a déchirés, si l'éloignement de tant d'êtres
que nous aimons, ne tient pas, en grande partie,

à ce que nous avons négligé de leur faire particu
lièrement sentir ce qui, dans nos *théories*, répond
à la face spéciale de leur vie. Préoccupés de l'appel
des hommes à sympathies *ardentes*, *exaltées*, peut-
être avons-nous reproduit d'une manière trop *vive*
cette préoccupation dans nos paroles, dans nos
écrits, dans nos actes. Peut-être le PAGANISME était-
il un peu trop vivant en nous.

Au reste, vous savez comment j'entends les méditations sur le *passé;* ce ne sont pas de stériles
regrets que j'exprime et que je vous demande,
c'est un avertissement que je vous donne pour
votre conduite *actuelle*. Songez qu'il n'est pas difficile, en ce moment, de nous faire aimer par des
PAÏENS qui croiront nous comprendre, et ne nous
comprendront pourtant qu'à demi; tandis que des
conversions importantes, qui seraient nécessairement entières et profondes, seraient celles de CHRÉ-
TIENS craignant la *réhabilitation* de la CHAIR,
mais aimant par-dessus tout le prochain, jouissant,
non pour eux mais pour leurs frères, du bonheur
que promet à ceux-ci notre FOI.

BÉRANGER me disait hier qu'il nous manquait,
et même qu'il ne nous manquait pour le moment
que de savoir jeter un voile sur nos paroles. Ce que
demandait là le poëte n'est pas NOTRE œuvre, c'est

celle de la FEMME, c'est elle et elle seule qui nous apportera la décence, la pudeur ; cependant l'observation de BÉRANGER tient au même sentiment qui m'inspire ce que je vous dis aujourd'hui, et ce n'est pas la première fois que j'aime à voir ma parole se rencontrer avec la sienne.

Vous devez vous rappeler que, dans une de nos réunions de la *salle Taitbout*, j'ai déjà fortement insisté sur cette forme à donner à notre enseignement des *théories* MORALES. Ainsi, en vous parlant de l'influence du PRÊTRE et de la PRÊTRESSE sur les fidèles, j'ai appuyé spécialement sur ce que, devant développer chacun *selon sa nature*, le COUPLE SACERDOTAL donnerait à la nature CHRÉTIENNE des garanties de *sécurité* dans ses affections, plus grandes que toutes celles qu'a jamais pu donner le CHRISTIANISME.

Eh bien, de même il faut faire sentir aux hommes de l'*abnégation*, qu'ils trouveront emploi et récompense de leur disposition au sacrifice, de leur bonheur à se dévouer, enfin que leurs œuvres seront entourées de plus de respect et de plus d'amour qu'ils ne pouvaient en avoir dans le CHRISTIANISME, qui leur attirait, il est vrai, les bénédictions des *saints*, mais aussi les malédictions des *damnés*.

Je vous ai dit tout à l'heure quelques mots sur le *roman* et le. *théâtre*, je tiens à y revenir, parce que la question est importante pour notre langage qui va changer; nous avons quitté la langue PHILOSOPHIQUE pour notre langue POLITIQUE, et il nous faut maintenant une langue nouvelle. Nous avons joué jusqu'ici avec toutes les formules de la MÉTAPHYSIQUE et de la POLITIQUE, nous les avons maniées et remaniées avec une rapidité et une persévérance fatigantes pour beaucoup de gens, et nous-mêmes en sommes un peu fatigués. Ces deux langues, d'ailleurs, ne vont pas à tout le monde ; or, nous voulons aujourd'hui parler à tous, et particulièrement aux FEMMES, qui connaissent très-peu la métaphysique, l'économie politique, l'histoire et la législation, et qui font leur éducation (à très-juste titre d'ailleurs) dans les *romans* et au *théâtre.* C'est là, en effet, qu'on peut apprendre le mieux à connaître la nature humaine. Nous aurons donc plus souvent à parler, par exemple des deux hommes que j'ai déjà souvent cités, d'OTELLO et de DON JUAN, que d'ALEXANDRE ou de CÉSAR, de M. J. B. SAY ou de M. RICARDO, de PUFFENDORF ou de BENTHAM, de KANT ou de HEGEL.

Notre langue nouvelle sera une préparation à la langue sympathique de l'avenir ; elle présentera un caractère particulier auquel il est bon de nous initier d'avance.

Je vous ai dit qu'un jour on s'apercevrait aussi facilement qu'un écrit ou un objet d'art est SAINT-SIMONIEN, qu'il est facile aujourd'hui de distinguer une œuvre CHRÉTIENNE d'une œuvre PAÏENNE; car ce caractère *particulier* tient aux différences des *dogmes*. J'ajoute que chaque œuvre d'art sera aisément rattachée à l'aspect de la TRINITÉ dont il serait la *spéciale* manifestation. Voici un exemple qui vous fera comprendre ce que je veux dire.

Le caractère du poëte, c'est de *ressusciter* les morts et de faire *apparaître* ceux qui ne sont pas encore nés; c'est-à-dire de rendre à la vie ce qui *fut*, et de la donner à ce qui *sera*. La *messe* et le *théâtre* ont cela de commun que ce sont des reproductions de faits accomplis, des *résurrections*. Le CHRISTIANISME n'a su créer l'avenir que *mystiquement*, il n'a pas pu le symboliser *matériellement*, et surtout il n'a jamais mis en présence d'une manière vivante, ses *souvenirs* et ses *espérances*, ses *traditions* et ses *prophéties*. L'Église était faite pour se *rappeler* le passé, pour *méditer*, beaucoup plus qu'elle n'était faite pour créer du *nouveau*, pour *appeler* l'avenir. On peut en dire autant du théâtre actuel; ce qui domine dans l'œuvre *dramatique*, c'est plutôt un *jugement* qu'autre chose.

Supposez pour un instant qu'il soit possible de mettre en présence, non pas dans une position d'antagonisme, comme cela a pu être conçu jusqu'ici, mais au contraire, dans une communion pacifique, les grandes individualités du passé, et les grands types de l'avenir, de manière par exemple à faire jouer un rôle aux grands guerriers du moyen âge, et aux chefs de l'*armée pacifique des* TRAVAILLEURS, et qu'ainsi il y ait, sur la même scène, un *rappel* de ce qui *fut* grand, et un *appel* de ce qui *sera* grand.

Il résulterait de cette COMMUNION dans le *temps* et dans l'*espace* un enseignement et une excitation à l'action PRÉSENTE qui comprend les deux faces de la vie. Cette communion établirait un LIEN entre le *passé* et l'*avenir*, et ce LIEN serait l'essence même du *drame*, ce serait la vie PRÉSENTE, la vie du PRÊTRE, ou en d'autres termes la cérémonie du *culte*, mais avec un autre caractère que la *messe* CHRÉTIENNE.

La puissance de faire *revivre* le passé et celle de concevoir à l'*avance* l'avenir, constituent les fonctions de l'ARTISTE du *dogme* et de l'ARTISTE du *culte;* tel est leur rôle dans le drame; l'un

raconte, l'autre prophétise, et le PRÊTRE manifeste
CE QUI EST, conservant du *passé* et prenant de
l'*avenir* ce qui DOIT *encore* SUBSISTER et ce qui
PEUT *déjà* EXISTER ; c'est lui qui établit l'HARMONIE
entre cette *reproduction* et cette *précréation* si-
multanées, c'est lui qui CONÇOIT le drame dans
son unité VIVANTE, et qui lui donne sa destination
MORALISANTE ; voici vraiment l'ART de l'avenir.

Autrefois les œuvres poétiques se distinguaient
en *prophéties*, ce qui est le caractère des travaux
monastiques ; et en *traditions*, ce qui est le caractère des travaux *séculiers*, presque tous *commé-*
moratifs, comme la *messe ;* les uns et les autres
étaient conçus d'une manière *abstraite, isolée ;*
leur COMMUNION n'existait pas, ou du moins ne
constituait pas la forme SUPRÊME de l'art.

Maintenant appliquons ce que je viens de dire à
notre APOSTOLAT.

Nous vivons au milieu d'un monde encore
CHRÉTIEN qui a par conséquent plus de foi dans
le *passé* que dans l'*avenir*, tandis que nous, au
contraire, nous sommes surtout pressés de lui donner notre *avenir*. Par cette double raison, nos
premières œuvres d'art auront extérieurement un
caractère *traditionnel ;* mais, au fond, elles auront
une valeur *prophétique ;* lorsque nous ressuscite-

rons les grandes figures du *passé*, ce sera surtout pour les faire revivre dans l'*avenir*.

Voyez, en dehors de nous, ce que font les hommes qui cherchent le plus le *nouveau :* ils *reproduisent* fidèlement, le plus fidèlement possible le *passé*, tel qu'il était ; ils *refont* les contes de féeries, *copient* les fabliaux, *traduisent* les chroniques, *restaurent* les vieux châteaux, *rebâtissent* les cathédrales. Ce besoin de revoir le *passé* est donc généralement senti ; plaçons-nous sur ce terrain, mais pour transporter ceux qui aiment à le parcourir, et ce terrain lui-même, dans l'*avenir*, car tout y marche.

Que les figures colossales et les grands monuments du moyen âge ressuscitent donc à notre voix, et se transforment au souffle de l'inspiration nouvelle, en conservant les signes de leur grandeur passée. Ce n'est point une *restauration*, et pourtant ce n'est pas non plus une Création toute nouvelle ; car le *passé* doit se sentir vivre dans l'*avenir;* l'homme ne crée rien, et sous les formes de la vie nouvelle reposent les formes de la vie antérieure.

Que ce soit donc surtout l'avenir qui nous occupe dans ces poétiques résurrections ; qu'elles soient pour vous des *évocations*, des *annonciations*, car le monde est las des *répétitions* ; les FEMMES surtout n'ont plus besoin d'entendre le récit de l'anathème que le passé fit peser sur elles ; ne leur parlons plus tant de leurs douleurs et de leur esclavage ; elles veulent un avenir glorieux ; c'est à nous à dire cet avenir, si nous voulons qu'elles le réalisent.

Nous reviendrons plus spécialement sur ce sujet une autre fois ; je ne l'ai abordé que pour revenir à ce qui m'occupe le plus spécialement aujourd'hui, je veux parler de nos INGÉNIEURS, et de notre POLITIQUE *pratique* dans laquelle ils doivent jouer un si grand rôle. Or, les ARTISTES et les INGÉNIEURS se touchent, et nous ne pouvons songer à exécuter de vastes travaux, c'est-à-dire une grande œuvre POLITIQUE, si nous ne sommes pas en mesure de l'entourer d'ART et de POÉSIE. Que ceux d'entre vous qui rêvent le plus l'avenir, ne perdent donc jamais de vue que pour propager notre foi, pour appeler la FEMME et fonder notre CULTE, c'est une grande œuvre *industrielle* qu'il faut concevoir, et que c'est là le sujet de l'*épopée*, du *drame* que doivent enfanter les APÔTRES.

Alors, nous pourrons battre le rappel de l'*armée pacifique des* TRAVAILLEURS, et ce sera le plus puissant appel que nous pourrons faire aux femmes, et la meilleure réponse aux accusations dirigées contre nous, en ce moment même, par le gouvernement. Alors, les travaux de nos artistes, leurs productions animées, originales, extraordinaires, frapperont tous les esprits, et feront perdre toute espèce d'intérêt à ce qui préoccupe encore si misérablement l'attention publique ; tout, depuis le *théâtre* jusqu'à la *tribune*, paraîtra mesquin et froid devant l'enthousiasme de nos ouvriers ; devant leurs fêtes, leurs cérémonies, leurs costumes et leurs chants ; devant l'élévation poétique et l'*utilité* positive de l'œuvre qu'ils accompliront, conduits par leurs ingénieurs, et inspirés par leurs bardes et leurs trouvères.

SEIZIÈME ENSEIGNEMENT

MARDI, 31 JANVIER 1831, RUE MONSIGNY.

Le PÈRE. — Mes enfants, je voudrais vous parler encore aujourd'hui de la loi vivante, du prêtre de l'avenir. Jusqu'ici nous avons principalement examiné l'influence politique du prêtre, et nous nous sommes peu occupés de son influence INDIVIDUELLE, nous avons beaucoup parlé de la *société*, très-peu de la *famille*; arrêtons-nous donc aujourd'hui sur les sentiments de *famille*.

Vous savez tous la parole du CHRIST, lorsqu'il montrait sa *famille* nouvelle à sa *famille* ancienne; quand, au milieu d'une société fondée sur le SACERDOCE *patriarcal*, il montrait le SACERDOCE nouveau, entouré de sa *race*, de ses *successeurs*, de ses *héritiers*, de ses *enfants*, ou plutôt, comme il le disait lui-même, de ses *frères*, car c'est le sentiment de la *fraternité* qui caractérise éminemment le CHRISTIANISME; au SACERDOCE *patriarcal* succédait le SACERDOCE *fraternel*.

La hiérarchie future donnera satisfaction à la *famille* de la CHAIR, telle qu'elle a été conçue, *selon l'ordre de Melchisédech*, en transformant toutefois l'ABSOLUTISME du *patriarche*; elle doit donner satisfaction aussi à la famille SPIRITUELLE, en instituant toutefois un *ordre*, des *grades* parmi les FRÈRES; enfin, elle doit donner l'idée d'une *famille* nouvelle, d'une *famille d'élection* par AMOUR, élection qui se manifeste selon l'*esprit* et selon la *chair*, et qui résulte de l'introduction dans le SACERDOCE nouveau de la FEMME, jadis esclave du *patriarche*, plus tard séparée de la *famille* de ses *frères,* et enfin ASSOCIÉE à l'HOMME en qualité de *sœur* et d'*épouse.*

Aucun PÈRE de l'antiquité, aucun PRÊTRE CHRÉTIEN n'a pu concevoir l'amour du COUPLE, du PRÊTRE SAINT-SIMONIEN pour sa *sainte famille.* Dégagez vos esprits de tous les obstacles qui tiendraient à ce que le SACERDOCE est incomplet aujourd'hui parmi nous, de ce qu'il n'y a qu'un HOMME à votre tête, de ce que la FEMME nous manque, et vous comprendrez facilement ce que j'ai dit, et ce que je vais dire.

Ce qui domine dans le sentiment du PÈRE antique, de MELCHISÉDECH, c'est l'affection *fétichiste* d'une petite *famille,* détachée de la grande *famille;* ce qui domine au contraire dans le PRÊTRE CHRÉTIEN, c'est qu'il n'a pas de *famille,* et qu'il n'a, avec les hommes, qu'un lien d'affection *collective, sociale,* mais rien de ce qui rappelle le foyer *domestique,* la petite *famille* dans la *famille* universelle.

Chez le JUIF et le PAÏEN, l'amour et le respect sont pour le PÈRE ; chez le CHRÉTIEN, c'est presque l'*enfant* qui attire à lui tout le *culte.* La *famille* PAÏENNE est pour ainsi dire conçue pour le PÈRE, la famille chrétienne pour le FILS, la nôtre sera pour l'HOMME ET la FEMME, c'est-à-dire, dans l'ordre MORAL, pour le PÈRE et la MÈRE, et pour le FRÈRE et la SŒUR ; de même que dans l'ordre POLITIQUE, elle répond aux besoins de la fonction *sociale*, et à ceux du bonheur *domestique*.

Vous vous rappelez ce que nous avons dit de la faiblesse du PROTESTANTISME, lorsqu'il a voulu organiser le SACERDOCE sur une nouvelle base ; en repoussant le *célibat*, il a fait perdre au SACERDOCE CHRÉTIEN son caractère POLITIQUE, RELIGIEUX, parce qu'il l'a réduit aux proportions de la petite *famille*, dépouillée de sa majesté antique. Il a séparé, plus encore que le CATHOLICISME, l'*Eglise* de l'*Etat ;* exécutant à la lettre la division des deux mondes, *spirituel* et *temporel*, il a fait de son CLERGÉ un monde tout à fait à part ; enfin mariant le PRÊTRE, et ne donnant pas à la FEMME un SACERDOCE, il a rabaissé le *ministre* à la hauteur du *fidèle*, et y a détruit ainsi son influence MORALE, son autorité *religieuse*, comme il avait annulé la *puissance* POLITIQUE, en secouant le joug PAPAL pour se mettre à la discrétion de CÉSAR.

Aujourd'hui, je le répète, nous devons concevoir les relations du COUPLE PRÊTRE avec les fidèles, comme renfermant toute la puissance MORALISANTE des liens de la *famille* antique, de la *famille* de la CHAIR, et toute celle du SACERDOCE CHRÉTIEN ; mais j'ai besoin de vous donner des développements sur ces nouveaux liens du *sang*, de la *chair*, afin de mieux caractériser le SACERDOCE futur.

Le PRÊTRE CHRÉTIEN a pu dire à UNE *fidèle* (c'était un HOMME seul qui parlait), qu'il l'aimait pour sa BONTÉ et pour sa *sagesse;* mais il ne lui a pas été possible de lui dire qu'il l'aimait pour sa *beauté*. Sa foi, son éducation tout entière, les habitudes de sa vie, s'opposaient même à ce que ce sentiment fût en lui, ou l'étouffaient à sa naissance. Il en est résulté, de fait, une véritable incompétence du SACERDOCE pour une partie des liens de l'ordre MORAL, incompétence quelquefois avouée, parce qu'elle était une conséquence évidente du *dogme*, incompétence souvent dissimulée, parce que, malgré le *dogme*, le PRÊTRE prononçait souvent sur des *idées* et sur des *actes* que sa foi lui défendait de *connaître* et de *pratiquer* avec AMOUR, et qu'il ne pouvait envisager qu'avec une *tolérance* voisine de la *réprobation*, si même il ne devait pas les foudroyer de l'*anathème*. Il en résultait que le PRÊTRE CHRÉTIEN ne pouvait donner avec AMOUR, sans éloignement ou dégoût, et comme véritable pratique de son *dogme*, d'autre *sacrement* que l'ORDRE, pour l'HOMME, et la *consécration de la* VIERGE à *DIEU*, pour la FEMME.

D'une autre part, dans la *famille* antique, qui était, comme on l'a si souvent remarqué, un véritable SACERDOCE, l'affection du PÈRE et de la MÈRE pour le *fils* et la *fille*, est pour ainsi dire indépendante de la volonté, elle est instinctive ou conventionnelle, elle est *fatale;* tandis que, dans la *famille* SACERDOTALE *future*, ces mêmes liens sont le résultat d'une *élection* d'AMOUR faite par le COUPLE et acceptée par les *enfants*, conforme à la VOLONTÉ des inférieurs, des *engendrés*, comme à celle des *supérieurs*, des *générateurs*, et qui établit en même temps un lien VOLONTAIRE, *instinctif* et *raisonné*, un lien vraiment PROVIDENTIEL d'affection *libre* entre TOUS.

Ainsi, par rapport au CHRISTIANISME, le COUPLE PRÊTRE pourra embrasser dans son amour TOUTE la vie de ses enfants, non-seulement parce qu'au lieu d'être MALE seulement, il est HOMME ET FEMME, mais aussi parce que la réhabilitation de la *chair*, et la sanctification de la *beauté*, lui permettent d'intervenir avec AMOUR, avec *intelligence* et *puissance*, là où le PRÊTRE CHRÉTIEN devait n'apparaître qu'avec *réserve, ignorance* ou DÉGOUT; là où le PÈRE et la MÈRE de la *famille privée*, sous l'empire de la foi CHRÉTIENNE, ne pouvaient même interposer RELIGIEUSEMENT leur autorité.

Nous ignorons encore quelles seront les relations du PRÊTRE et de la prêtresse avec *le* fidèle et *la* fidèle, mais à juger leur influence par celle qu'exerçait sur ses ouailles le PRÊTRE CHRÉTIEN, lui qui voyait dans la *chair* le *péché,* nous pouvons au moins entrevoir combien la direction PATERNELLE et MATERNELLE du COUPLE sera puissante pour l'éducation *physique, charnelle, pratique* des fidèles; combien, en d'autres termes, l'humanité pourra s'*embellir* et s'*enrichir,* cultiver ses *sens* et le *globe,* se *parer* et *parer* le monde, sous le gouvernement d'un SACERDOCE qui aime ÉGALEMENT l'*industrie* et la *science,* la *chair* et l'*esprit,* le *culte* et le *dogme,* la *beauté* et la *sagesse.*

Nous avons besoin de nous occuper fréquemment de ces idées, parce qu'elles sont tellement en dehors des habitudes des esprits, qu'elles peuvent facilement blesser le monde auquel nous nous adressons. Il faut du moins que ce ne soit pas par notre faute, il faut les manier et remanier si souvent, que nous finissions par trouver les formes convenables pour les présenter à une société qui est certes très-loin d'être CHRÉTIENNE dans sa conduite, mais qui pourtant n'a pas d'autre règle de conduite, d'autres *principes* que ceux de la MORALE CHRÉTIENNE.

Pour atteindre ce but, examinons d'abord quels sont les individus qui, dans la société actuelle, exercent sur les MŒURS, sur les PASSIONS, une influence puissante, et qui, dans l'absence de tout SACERDOCE, peuvent être considérés comme les plus MORALISATEURS ou DÉMORALISATEURS. Peut-être trouverons-nous dans ces individus quelques traits de ressemblance avec le CLERGÉ CHRÉTIEN, peut-être aussi, véritables PAÏENS, sentiront-ils un peu le feu d'*enfer*, mais ils doivent renfermer le germe du SACERDOCE futur, car *DIEU* le réserve à ceux qui ont puissance sur les PASSIONS du monde. J'ai dit d'examiner ceux dont l'influence est démoralisante aujourd'hui, parce que, dans une époque de *désordre* comme celle où nous vivons, des forces qui sont CORRUPTRICES deviendraient salutaires dans une époque *d'ordre*, où chaque virtualité se développerait RELIGIEUSEMENT *selon sa nature*. N'oubliez pas d'ailleurs que nous ne faisons pas cet examen pour trouver des modèles à suivre, car toute nature digne d'un SACERDOCE à *venir* est nécessairement viciée sous le joug de la RELIGION *précédente*; la nature qui devint bon PRÊTRE chrétien devait être une nature malheureuse ou vicieuse par rapport à la société PAÏENNE. Mon seul but est de vous faire découvrir ce que font aujourd'hui les êtres en qui *DIEU* a mis, dans des proportions élevées, le sentiment GÉNÉRATEUR de l'*avenir*, la vertu qui fondera le SACERDOCE *futur*, en d'autres termes le saint AMOUR de la *chair* et de l'*esprit*.

Ces préliminaires sont un peu longs, mais ils étaient indispensables ; expliquons-nous maintenant par des faits.

Le SACERDOCE CHRÉTIEN est usé, est virtuellement fini ; certes il n'est pas nécessaire de justifier ici la vertu qui fit sa puissance et sa gloire, et qui le rendit même une nécessité humaine. Cette vertu, qui subalternisait le *moi* au *non-moi*, la *chair* à l'*esprit*, l'*égoïsme* à l'*abnégation*, recevra d'ailleurs, nous l'avons assez dit et redit, une satisfaction plus complète dans l'avenir que dans le passé ; elle y trouvera une garantie plus solide de sécurité pour la forme de son amour, de sa vie, et un respect plus *universel* que celui qu'a pu lui conquérir l'Église *catholique ;* mais il est de fait que la vertu chrétienne n'exerce plus aujourd'hui la direction suprême des SENTIMENTS, des *idées* et des *actes*.

D'un autre côté, l'être (et je parle ici de la FEMME aussi bien que de l'HOMME), l'être qui a besoin de voir partout l'HARMONIE entre la *chair* et l'*esprit*, la *forme* et l'*idée*, l'*intérêt* et le *devoir ;* celui qui aime la *science* mais qui aime autant la *beauté*, et qui s'efforce de donner la *sagesse* à ce qui est *beau*, et d'*embellir* ce qui est *sage*, en d'autres termes celui qui sent l'ÉGALITÉ des deux faces de la vie humaine, l'égalité de l'HOMME et de la FEMME et qui est ainsi *virtuellement* PRÊTRE SAINT-SIMONIEN, celui-là, perdu dans un monde qui ne lui donne pas la vie à laquelle *DIEU* l'appelle, celui-là risque bien d'employer sa puissance à DÉMORALISER plutôt qu'à MORALISER, à perdre plutôt qu'à sauver.

Or ce sont ces êtres surtout que nous devons appeler à nous, puisqu'ils possèdent les qualités que Dieu veut dans son nouveau clergé ; ils exercent sur tous un puissant ATTRAIT, soit par les charmes de leur *esprit*, soit par les grâces de leur *personne;* ils savent donner à tous la parole qui convient à *chacun*, et se faire aimer de ceux auxquels ils adressent leur amour.

Voilà bien les PRÊTRES et les PRÊTRESSES de l'avenir.

Ce que je vous dis ici doit déjà vous faire réfléchir sur la manière dont nous devons diriger aujourd'hui nos efforts de conversions, et sur les espérances que nous pouvons fonder, pour un avenir prochain, quant à la nature des individus qui se rattacheront à nous.

Ainsi, puisque la phase nouvelle de notre apostolat ne manifeste la vie que sous un seul aspect, puisqu'elle est MALE seulement, et qu'elle consiste dans l'appel de la FEMME, cette imperfection de notre vie explique comment il nous serait difficile d'attirer aujourd'hui à nous les êtres dont je viens de vous parler, et qui ont besoin au contraire d'une vie complète, se développant sous ses deux faces. Il faudrait, pour qu'ils vinssent à nous, que notre foi se manifestât aussi bien par le *culte* que par le *dogme*, par l'*industrie* que par la *science*, par la FEMME que par l'HOMME; car ils sont pour ainsi dire autant *poëtes* qu'*orateurs*, autant *architectes* que *musiciens*, autant *sculpteurs* que *peintres*, aussi *beaux* que *spirituels;* je parle toujours d'HOMMES ET de FEMMES.

Ce sera donc lorsque nous cesserons de nous manifester sous une face *abstraite* de l'existence, lorsque la vie sera complète dans notre sein, en un mot lorsque la FEMME apparaîtra, que nous aurons puissance d'attirer les véritables PRÊTRES de l'avenir.

Alors ces êtres HARMONIQUES concevront et réaliseront les devoirs et les joies de la PATERNITÉ et de la MATERNITÉ nouvelles; ils créeront vraiment la *famille d'élection* par AMOUR, et ils seront pour le monde ce que MOI SEUL j'ai pu être pour VOUS ; ils feront pour TOUS ce dont MOI SEUL encore j'ai pu donner ici un *incomplet* exemple.

Eh qu'est-ce que cette tendresse PATERNELLE que j'ai pour vous, qu'est-ce que l'influence MORALI-SANTE de mon affection pour vous, qu'est-ce même que ces témoignages d'affection si dévouée dont vous m'entourez et qui ont paru si prodigieux, l'autre jour, aux hommes de justice qui vinrent nous saisir, et au public qui les accompagnait, qu'est-ce que tout cela , pour vous et pour moi-même, lorsque nous songeons à l'avenir? Oh oui, les FRÈ-RES qui viennent de se séparer de vous, les ENFANTS qui en ce moment me renient, et qui dans leur douleur me maudissent, n'auraient pas un seul instant songé à s'éloigner de nous, si *DIEU* avait mis près de MOI une FEMME qu'il aurait inspirée comme MOI de SA volonté, s'il vous avait donné à tous une MÈRE.

Mais quittons ce présent qui fait mal et rentrons dans l'avenir ; revenons aux relations du COUPLE PRÊTRE avec les *fidèles*.

Rappelez-vous seulement, quant à ce que je viens de vous dire, que nous n'avons pas pu encore avoir au milieu de nous, en grand nombre, la na-ture SACERDOTALE de l'avenir, et pourtant les PRÊ-

TRES du monde nouveau sont déjà dans ce monde; sachons donc, avant de les appeler directement, où ils sont et ce qu'ils font; c'est ce que je veux vous indiquer aujourd'hui.

Le PRÊTRE CHRÉTIEN, vous ai-je dit (et il ne s'agit par conséquent ici que de l'HOMME), n'a jamais pu exprimer qu'imparfaitement son amour au *fidèle* et à la *fidèle;* il a pu lui dire qu'il l'aimait pour sa BONTÉ et sa *sagesse*, mais non pour sa *beauté;* et réciproquement jamais il n'aurait souffert qu'un *fidèle* et surtout UNE *fidèle*, lui dît qu'il ou qu'ELLE l'aimait, lui PRÊTRE, pour sa *beauté*. Il aurait permis, et largement permis, malgré son *humilité*, qu'on l'aimât pour sa DÉVOTION, et pour son *intelligence* de la parole divine, mais pour sa *chair* impure, pour ce *corps* profane, pour cette *terre* corrompue, jamais! et son costume nous indique assez qu'il ne voulait pas qu'on l'aimât pour ses *formes;* il les cachait.

Or il est difficile, en songeant seulement à cette différence entre deux PRÊTRES, dont l'un rougit de l'une des puissances que *DIEU* lui a données, tandis que l'autre utilise RELIGIEUSEMENT cette puissance; il est difficile, dis-je, de ne pas pressentir la différence qui existera entre les relations de l'un et celles de l'autre, avec les *fidèles* dont la

MORALITÉ leur est confiée. Faites de cette idée le sujet habituel de vos méditations, de vos rêves d'avenir ; car, les AXIOMES de la vie vous étant nettement donnés, pour la société *future* aussi bien que pour les sociétés passées, il vous est aussi facile de déduire les conséquences qui découlent de notre FOI, qu'il vous l'a été de reconnaître celles qui dérivaient du *dogme* CHRÉTIEN.

N'oubliez pas surtout qu'il s'agit, d'une part, d'un clergé MALE, de l'autre d'un clergé HOMME ET FEMME, ce qui vous permet encore de comparer la *famille* SACERDOTALE nouvelle non-seulement avec la *famille spirituelle* du CHRÉTIEN, mais avec la *famille charnelle* de MELCHISÉDECH. Or, dans celle-ci encore, le sentiment dont je parle ne pouvait exister dans toute sa puissance, malgré l'amour de l'antiquité pour la *force* et pour la *beauté*, et cela par la raison que je vous ai déjà signalée, c'est-à-dire parce que la *famille* antique était une association *forcée, involontaire, fatale*, tandis que la famille SACERDOTALE de l'avenir serait le résultat d'une élection *libre, réciproque*, VOLONTAIRE pour tous ses membres.

Pourtant ce ne serait pas faire une juste part au passé, lorsque nous examinons la vie des directeurs MORAUX au moyen âge, que de parler seulement du CLERGÉ CHRÉTIEN. A côté de ce sacerdoce MALE, il y avait un rêve d'avenir, la CHEVALERIE, puissante tradition du *passé* pour l'HOMME, mais inspiration, prophétie, révélation d'*avenir* pour la FEMME. Ici la FEMME s'initia, pour ainsi dire, à la MATERNITÉ du SACERDOCE futur ; alors elle exerçait un empire MORAL immense sur de jeunes cœurs qui CHRÉTIENS, mais non CLERCS, avaient bien en eux le saint amour d'un *DIEU* PUR ESPRIT, mais qui brûlaient aussi du désir de plaire. Le chevalier, le page, invoquait *DIEU* et sa DAME ; et sa DAME avait pour lui le divin caractère de la FEMME CHRÉTIENNE, de la VIERGE, mais pourtant c'était une FEMME ; et lorsque dans son église sombre le CLERC ne pouvait charmer son cœur brûlant qu'avec un rêve *mystique* d'amour, la LOI VIVANTE d'amour était, hors de l'Église, REINE dans les *tournois*, CHATELAINE respectée, bénie, adorée, c'était la DAME.

MES ENFANTS, voilà le germe de l'avenir ; voilà le signe avant-coureur des destinées RELIGIEUSES de la FEMME, voilà son premier titre au SACERDOCE que *DIEU* lui réserve, et que nous avons mission d'annoncer au monde.

Eh qui donc voudra jamais contester l'influence MORALISANTE qu'exerçait sur le *chevalier* la DAME qu'il aimait pour sa BONTÉ et sa *sagesse*, mais qu'il

idolâtrait aussi pour sa *beauté?* Qui ne conviendra
même que sur ces jeunes cœurs *ardents*, désireux
de *gloire*, aimant les *dangers* autant que les *fêtes*,
la DAME était plus puissante que le PRÊTRE ?

Oui, je le répète, la FEMME s'initie dès lors à sa
MATERNITÉ future ; la *beauté* s'affranchissait par elle
de la loi portée par le CHRISTIANISME contre la puissance de la *chair ;* elle s'en affranchissait autant
que la puissance de l'Église pouvait permettre une
si grande déviation à la foi, et c'était sous le voile
platonique que les nobles DAMES exerçaient leur
SACERDOCE d'amour.

Voici donc un CLERGÉ qui, en présence du
CLERGÉ CHRÉTIEN, ne défendait pas, lui, qu'on l'aimât pour sa *beauté ;* il le permettait, il le voulait, car
la *belle* châtelaine ne faisait pas comme la nonne
humble et timide, elle ne se dépouillait pas de ses
grands cheveux, elle ne cachait pas sous une lourde
robe de laine les grâces de sa taille, elle ne se dé-
robait pas sous un voile épais aux regards aimants.

Ces deux SACERDOCES, l'un *sacré*, l'autre *profane*,
sont encore de ces mille contradictions enfantées
par le CHRISTIANISME ; signalons toutes ces contra-
ditions qui sont des signes de l'ordre social que
nous annonçons; signalons surtout celles qui nous
montrent la FEMME, inspirée par l'*avenir*, luttant

pour lui contre l'HOMME défenseur du *passé*, car c'est encore une forme de notre *appel* aux FEMMES.

Et d'ailleurs c'est un hommage que nous devons rendre au CHRISTIANISME, hommage sans lequel notre foi dans les destinées actuelles de la femme serait inexplicable, je veux dire que, par la loi CHRÉTIENNE, la FEMME a senti plus que l'HOMME le progrès PACIFIQUE, le progrès d'ASSOCIATION que l'humanité allait faire. En d'autres termes, l'HOMME, dans les rangs de la milice *sacrée* comme dans ceux de la *féodalité*, fut, bien plus que la FEMME, le défenseur, le successeur, l'*héritier* du passé ; la FEMME CHRÉTIENNE au contraire, qui n'avait pas encore puissance de prendre *possession* du présent, envahissait, pour ainsi dire, l'*avenir*; j'ai fait ressortir cette vérité en parlant de l'Église : elle est bien plus évidente encore si l'on examine la féodalité; il suffit de rappeler pour l'HOMME le *droit du seigneur*, pour la FEMME les *cours d'amour*.

La société féodale était en effet, dans sa hiérarchie MALE, la tradition vivante de la *chair* antique, avec ses habitudes grossières de violence; et l'Église devait la purifier au feu sacré de l'*esprit*. Mais à côté de cette *tradition* de la *force* il y avait une *prophétie* de la *beauté*, et si le baron du moyen âge ressemblait au guerrier brutal de l'antiquité, sur le front de la belle châtelaine on peut lire déjà le nom de la prêtresse de l'avenir.

Maintenant, pénétrés comme vous l'êtes de la puissance MORALISANTE de la DAME du moyen âge, dépouillez par la pensée l'HOMME de ses habitudes d'exploitation à l'égard de la femme, et vous concevrez pour lui une influence MORALISANTE semblable à celle qu'exerçait la DAME. Alors vous aurez une idée assez nette de la PATERNITÉ et de la MATERNITÉ du SACERDOCE nouveau, surtout si vous ajoutez à l'influence personnelle du PRÊTRE et à celle de la PRÊTRESSE la puissance qu'ils puiseront dans leur religieux amour l'UN pour l'AUTRE.

De même que vous avez compris l'amour passionné du *chevalier* pour la DAME de ses pensées, son dévouement, sa dévotion, son adoration pour elle, et la valeur MORALE de cet amour qui présidait à tous les actes de sa vie; de même vous comprendrez la jeune FEMME aimante, passionnée, exaltée, trouvant dans son amour pour un HOMME qu'elle admire, qu'elle respecte, qu'elle adore aussi, qu'elle idolâtre (car enfin le cœur du *chevalier*, le cœur de l'HOMME, n'est pas le seul qui puisse idolâtrer), vous la comprendrez, dis-je, puisant dans

ce saint amour la RÈGLE de ses actes, la LOI SU-
PRÊME de sa vie.

Et alors comparez la puissance MORALE du
PRÊTRE CHRÉTIEN à celle du COUPLE SAINT de l'a-
venir! Combien l'HOMME qui avait fait vœu de
mortifier sa *chair*, l'homme qui jurait à son
DIEU d'être insensible et froid devant la *beauté*
ou de la fuir, l'homme qui méprisait les joies du
monde, combien cet HOMME (et je dis toujours
l'HOMME, parce que je parle du PRÊTRE CHRÉTIEN),
vous paraîtra *impuissant, ignorant* et BARBARE
même, en présence du COUPLE de l'avenir qui peut
embrasser dans son amour la vie entière de ses
enfants, jouir de toutes leurs joies et souffrir de
toutes leurs douleurs; car il les aime pour leur
BONTÉ, pour leur *sagesse* et pour leur *beauté;* il
n'est point *sacré* et eux *profanes;* comme eux il
sent les besoins de l'*esprit* et il éprouve ceux de la
chair; ils vivent de la même vie, car leur *DIEU*
est le même.

Tandis que le PRÊTRE CHRÉTIEN, *ignorant* une
partie de la vie, *impuissant* à en concevoir la sainteté, repoussant, réprouvant une des faces de l'être,
dans laquelle pourtant *DIEU* veut aussi être ado-
ré, la *chair*, doit assumer sur lui la responsabilité
d'UNIONS qu'il consacre aveuglément, de *conseils*

qu'il donne sans lumières, d'actes qu'il commande ou défend, et que sa VOLONTAIRE *impuissance ignore*.

Oh oui, un PRÊTRE CHRÉTIEN consacrant un mariage, c'en est assez pour prononcer l'arrêt de mort du CHRISTIANISME ; un PRÊTRE CHRÉTIEN, un HOMME, un CÉLIBATAIRE, disant à un HOMME et à une FEMME : « *Soyez* UN *dans* UNE SEULE CHAIR ! » Eh comment sait-il que ces deux chairs pourront S'UNIR ? comment ne craint-il pas de consacrer l'union de la vie et de la mort, de la fraîcheur et de la décrépitude, de la santé et d'un cadavre ?

Ce que je dis ici du PRÊTRE CHRÉTIEN, je pense le dire avec presque autant de justice du PÈRE et de la MÈRE de la petite *famille*, de la *famille* du sang. L'ignorance des parents sur ce que désirent leurs enfants, sur ce qui leur convient en toutes choses, mais surtout dans l'union des sexes, est à peu près la même que celle du PRÊTRE ; leur im-compétence, particulièrement en ce qui concerne la *chair*, est presque aussi grande ; et c'est ce qui explique en partie les révoltes, si fréquentes aujourd'hui, contre l'autorité PATERNELLE, révoltes en quelque sorte légitimes, car elles révèlent la nécessité d'une PATERNITÉ plus clairvoyante, et d'une MATERNITÉ plus habile.

Dans ces mariages sataniques, consacrés devant l'Église, où le PRÊTRE vient ajouter, au poids de la chaîne qu'il forge, ces mots terribles : *fidélité, éternité*, l'un des époux marche souvent au *sacrifice*, au vrai *sacrifice* CHRÉTIEN, à la mortification de la *chair*, au plus horrible supplice, à la plus hideuse CROIX, et pourtaut la conscience du PRÊTRE est pure, s'il croit que les deux époux ont la FOI, car il s'inquiète peu alors des douleurs que l'un des deux pourra souffrir dans sa *chair*, c'est une *visite* de *DIEU*, une *bénédiction* du SEIGNEUR, une ÉPREUVE. Oh le PRÊTRE CHRÉTIEN qui, malgré son dogme, cherchait la lumière, craignant d'assumer sur lui une telle responsabilité, celui qui osait soulever les voiles de la *chair*, et y jeter un regard de paternelle prévoyance, celui-là s'est vu insulter par le monde qui l'accusait de veiller avec trop de zèle aux choses profanes, aux choses de la terre, celui-là fut un JÉSUITE; et c'est à nous à le dire, le JÉSUITE *escobardant son dogme*, le JÉSUITE *frauduleusement* initié aux joies de la *chair*, comme il l'était aux sciences *profanes*, le JÉSUITE possédant le secret des mystères des *sens*, comme il s'enrichissait des fruits de l'*industrie*, le JÉSUITE, homme de *cour*, du *monde* et des *boudoirs*, était plus près de l'avenir que le PRÊTRE *orthodoxe,* que le *rigide* CATHOLIQUE méconnaissant et réprouvant la face que *DIEU* allait montrer sainte au monde, et qu'il n'a voilée pendant dix-huit siècles, que pour nous la découvrir plus éclatante de *beauté.*

Tout ce que je vous dis ici, quand nous le dirons au monde (et le moment approche), nous fera accuser de prêcher le libertinage et l'orgie. L'acte qui sera pour nous le signe de la plus haute vertu, ils le nommeront débauche. Ces injures ne nous effrayeront pas ; mais comme elles s'appuieront sur un argument qui, au premier abord, paraît assez plausible, examinons cet argument, quoiqu'il se soit déjà présenté à nous sous bien des formes.

« Avec cette toute-puissance que vous donnez à
» VOS PRÊTRES, nous dira-t-on, il n'y aura que des
» ANGES qui pourront exercer le SACERDOCE. »

Vous le voyez, cet argument est le même que celui qui a été fait contre nos idées POLITIQUES, et que nous avons si souvent repoussé ; mais le sujet actuel nous fournit de nouveaux moyens de le combattre ; et d'ailleurs il nous ramènera à une idée que j'aime à vous rappeler, il nous fera chercher encore où sont et ce que font actuellement dans le monde, les membres du SACERDOCE futur.

Mais d'abord, j'ai déjà fait ici cette remarque : il

est assez extraordinaire qu'ayant eu pendant dix-huit siècles un CLERGÉ *célibataire*, on trouve les conditions du SACERDOCE nouveau plus difficiles à remplir que celles du *célibat*. Je sais bien que l'immense majorité des hommes aujourd'hui ne serait pas arrêtée par cette réponse, parce que presque tous prétendent que le *célibat* n'a pas été gardé par le CLERGÉ *chrétien*, mais je m'occupe des hommes avancés, qui sont déjà sortis des accusations banales du *protestantisme* et de la *philosophie* contre le clergé chrétien.

D'ailleurs abordons directement l'objection. On prétend que notre SACERDOCE abusera de sa puissance d'ATTRAIT *spirituel* et *charnel*, pour exploiter les *fidèles*. Eh bien, je demande ce que font aujourd'hui de leur ATTRAIT *spirituel* et *charnel* les êtres à qui *DIEU* a départi cette double puissance.

Certainement une pareille puissance peut être très-*démoralisante ;* ceux qui la possèdent peuvent fortement en abuser ; mais enfin qu'en font-ils aujourd'hui ? car il existe des HOMMES et des FEMMES qui possèdent ce double attrait des charmes de l'*esprit* et des grâces du *corps*.

Toute la difficulté se réduit donc à celle-ci : comment la société doit-elle être constituée pour

que de pareils individus, HOMMES et FEMMES, emploient leur puissance à MORALISER au lieu de DÉMO-
RALISER? quel rôle ces individus doivent-ils jouer
dans cette société? quelle place leur assigner?

Il est évident, par exemple, qu'aujourd'hui ces
HOMMES et ces FEMMES, n'ayant pas conscience que
leurs facultés leur sont données (et surtout leur
ATTRAIT *charnel*) pour accomplir une œuvre RELI-
GIEUSE, il est évident, dis-je, qu'ils doivent les employer, comme tout le monde à peu près emploie
aujourd'hui ses facultés, petites ou grandes, c'est-à-
dire d'une manière IRRÉLIGIEUSE et complétement
égoïste; or cette double puissance est très-grande;
donc ils peuvent beaucoup abuser.

Au contraire, supposez ces HOMMES et ces FEMMES
placés de manière à ce que la société entière ait
toujours les yeux fixés sur la MORALITÉ de leurs
actes; supposez que la place qu'ils occuperont et
l'influence qu'ils exerceront soient telles, que l'emploi RELIGIEUX et non *égoïste* de leur grande puissance soit rétribué par la considération générale,
par l'amour de tous, par la gloire; enfin concevez
qu'on leur donne à remplir la fonction sociale dans
laquelle il est le plus important de posséder les
qualités qui les distinguent, c'est-à-dire une haute
intelligence unie à la *beauté;* alors il serait bien

extraordinaire que ces HOMMES et ces FEMMES ne se conduisissent pas plus RELIGIEUSEMENT qu'aujourd'hui. En ce moment ils DÉMORALISENT tout ce qui les approche, ce sont des démons, des *diables incarnés*, c'est très-vrai; mais c'est parce que, ainsi que je vous l'ai déjà dit, le SACERDOCE d'une religion nouvelle est toujours le *réprouvé* de la religion précédente.

Il est évident que le SACERDOCE de l'avenir, sacerdoce du PROGRÈS, a dû être complétement subalternisé dans sa vie *passée*, alors que l'humanité vivait sous l'empire de doctrines *rétrogrades* ou *stationnaires*. On peut dire de même que l'homme qui aime la *chair* à l'égal de l'*esprit* a dû être réprouvé par les RELIGIONS *charnelles* de l'antiquité, et par le *spiritualisme* de l'ÉVANGILE. De même aussi, pour l'être qui aime la FEMME à l'égal de l'HOMME. C'est qu'en effet celui qui cherche l'HARMONIE entre la *chair* et l'*esprit*, entre la FEMME et l'HOMME, est éminemment PACIFIQUE, tandis que toutes les RELIGIONS du passé ont *sanctifié* ou *légitimé* la GUERRE; par conséquent l'homme du PROGRÈS a dû, jusqu'ici, être comprimé, mutilé, martyrisé par tous les CLERGÉS qui ont gouverné le monde; et comme il n'en était pas moins puissant en *fait*, il a triomphé de ceux qui lui refusaient son *droit;* il a vaincu ses maîtres, signalant sa puissance tantôt par une révolte ouverte, tantôt par une conspiration sourde contre l'ordre établi par eux; se servant ici de la *force* de son *bras,* là de la souplesse de son esprit, pour détrôner les *savants* et les *forts.*

Le problème RELIGIEUX qu'il s'agit de résoudre aujourd'hui peut donc se résumer ainsi : reconnaître *en droit* CE QUI EST *en fait;* car nous ne venons pas *changer* la nature humaine, nous venons seulement la DÉVELOPPER, en coordonnant les éléments qui la constituent d'une manière conforme à leur nature. La lutte entre le *droit* et le *fait* est la même que celle entre l'*esprit* et la *chair,* entre l'HOMME et la FEMME, elle doit cesser; il y a toujours eu, jusqu'ici, *sacrifice* de l'un par rapport à l'autre, or *sacrifice* et *esclavage* sont frères, et l'*esclavage* doit finir.

Mais il y a dans cet argument contre nos *théories* MORALES, une partie qui s'adresse directement à nous, à nos personnes, et qui sera surtout mise en saillie dès que des FEMMES oseront ouvertement s'associer à nous pour propager ces idées. On ne se bornera pas alors à contester la possibilité d'un pareil SACERDOCE pour l'*avenir,* on ne se contentera pas de discuter les actes d'un pouvoir à *naître*, nous serons pris nous-mêmes à partie, et dès aujourd'hui tous les yeux vont être ouverts sur les imperfections de notre SACERDOCE actuel, quelque incomplet que nous le déclarions nous-mêmes. C'est que, ne comprenant pas l'immense tâche que nous avons entreprise, on ignore la force que le sentiment de cette grande responsabilité peut nous donner. C'est donc une obligation pour nous de revenir souvent entre nous sur notre vie *privée*, sur notre conduite *personnelle*, *intime*, et ces rapports donneront même à notre foi le caractère d'élévation et de franchise que le monde a droit d'exiger de nous, de nous qui avons la prodigieuse prétention de MORALISER sa vie.

Je vous rappelle donc ce que plusieurs fois déjà je vous ai dit : que ceux d'entre vous qui auraient à s'accuser d'actes capables de porter atteinte à ce caractère de haute MORALITÉ, attribut et signe de notre APOSTOLAT, se hâtent de venir à moi, et de me confesser leur peine.

Lorsque, dans quelque temps, je serai en présence d'hommes qui, eux aussi, prétendent *juger* notre MORALITÉ, je veux pouvoir être en droit de m'enquérir de la leur, de rechercher quelle est la vie de ces juges qui me demanderont compte, à MOI, de ma vie; car je ne serai pas SEUL en présence de ces *juges;* ce n'est pas MOI SEUL qu'ils veulent *juger,* c'est le représentant de VOUS TOUS, c'est NOTRE FOI; et ce ne sont pas ses principes, son *dogme,* qu'il m'importera de faire connaître, c'est NOTRE vie actuelle que je veux faire apparaître en MOI dans leur tribunal. Or, pour que je me présente à eux avec cette attitude CALME que vous aimez en moi, il faut que je sente qu'à côté de moi chacun se fait un devoir de mettre sa vie en harmonie avec la MIENNE.

Que celui donc qui craint d'avoir commis un acte contraire à MA volonté, un acte qui puisse ME causer de la peine, un acte qui soit capable de blesser la *susceptibilité* du MONDE, que celui-là vienne à MOI. Je dis la *susceptibilité* du monde, parce que vous savez tous que, disposé à blâmer nos actes, il donnera de la gravité à des fautes légères; et nous devons rendre grâces à *DIEU* de nous avoir donné, dans cette *susceptibilité* même, une condition de plus de MORALITÉ.

Je demande que l'on vienne à MOI, mais vous savez combien je désire que vous preniez ces habitudes d'épanchements, de *confession,* envers VOS PÈRES, je le désire pour MOI, pour EUX et pour *vous.*

DIX-SEPTIÈME ENSEIGNEMENT

FÉVRIER 1832. RUE MONSIGNY

Le PÈRE. — Depuis le jour où quelques-uns de vous se sont réunis auprès de LAMBERT, en est-il d'autres qui aient encore besoin d'être éclairés dans leur foi, et particulièrement sur les relations de l'HOMME et de la FEMME, telles que je les ai formulées, MOI, HOMME? Si quelqu'un de vous était dans ce cas, il faudrait se hâter d'en finir avec tous ces doutes qui ne peuvent que nous retarder. Ne considérez pas ce que je vous dis là comme un reproche, ces doutes ne m'étonnent pas, ils sont naturels, ils ne sont que la répétition de ce qui s'est produit au sein du COLLÉGE, lorsque j'y apportai les théories nouvelles; tous sentirent leur foi ébranlée, bouleversée; et comme il était facile de comprendre qu'à cette question se rattachait une question de HIÉRARCHIE, de POUVOIR, les uns repoussaient mon AUTORITÉ avec mes *théories* les autres acceptaient mon AUTORITÉ, mais rejetaient avec dégoût mes *idées;* d'autres encore, ne contestant pas mon AUTORITÉ, admettaient bien que mes *idées* pourraient avoir *un jour* leur utilité, mais ils s'opposaient à leur propagation *actuelle*, la trouvant intempestive; enfin tous, un seul excepté, portaient dans leur cœur des doutes bien autrement dangereux què ceux qui peuvent encore vous agiter.

Depuis la scission, ceux qui se sont séparés de moi avec le moins de haine, pensent toujours, sans doute, que mes *idées* sur les relations MORALES dans l'avenir tiennent à mon ignorance de la nature humaine, comme ils le disaient; toutefois ce qu'il y a de certain, c'est qu'ils doivent sentir aujourd'hui, quand même ils ne l'avoueraient pas, que l'homme qui a présenté de pareilles idées est précisément celui qui, en ce moment, occupe le plus le monde du nom de SAINT-SIMON. Il y a là quelque chose de si inexplicable pour eux, que plusieurs d'entre eux en viendront bientôt à comprendre, quelle que soit leur répugnance pour nos *théories*, qu'il était utile à la rapide propagation de notre foi de les produire.

Certainement vous avez tous fait ce progrès, et vous en convenez hautement, mais cela ne suffit point, et les pas qui ont été faits successivement par les membres du COLLÉGE restés près de moi, doivent servir d'exemple à ceux qui rencontrent encore quelques difficultés sur leur route.

Ainsi les membres du COLLÉGE qui m'ont suivi d'abord parce qu'ils sentaient en MOI l'AUTORITÉ, se sont de plus en plus convaincus de la nécessité d'un *appel* aux FEMMES, et de l'importance qu'il y avait à faire un premier *appel* dans les termes qui frapperaient violemment le public blasé de notre époque. Tous, d'ailleurs, se sont successivement pénétrés du lien *logique* qui existe entre la forme par laquelle j'ai fait mon *appel*, et tous nos travaux *dogmatiques* antérieurs ; et songez bien que celui même qui, aujourd'hui, vous enseigne plus particulièrement les *théories*, LAMBERT, était encore loin de cette conviction, à l'époque de la séparation de BAZARD ; enfin tous ont compris que les termes de mon *appel* étaient d'ailleurs ceux qui devaient être posés par l'HOMME, c'est-à-dire que lorsqu'il s'agira de passer de la *théorie* à la *pratique*, les questions de *tact*, de *délicatesse*, de *convenance* devront être spécialement résolues par la FEMME.

L'important pour ceux qui ne sont pas encore parvenus à ce point, est donc de se bien pénétrer d'abord du lien *logique* qui existe entre nos *théories* MORALES et nos idées POLITIQUES, HISTORIQUES,

THÉOLOGIQUES, ce qui d'ailleurs est un moyen de réviser sa foi.

La meilleure preuve de cette communion intime entre la dernière expression de notre foi et toutes celles qui l'ont précédée, ce sont les travaux de ceux des dissidents qui ont voulu contester la légitimité de la loi MORALE nouvelle, et poser eux-mêmes les termes de cette loi ; tous, y compris le plus fort d'entre eux, BAZARD, ont été obligés de se mettre en contradiction avec ce qu'ils ont affirmé jusqu'ici ; les uns se bornant à répéter le CHRISTIANISME, les autres s'efforçant de formuler un MATÉRIALISME *spiritualisé ;* tous ont renié SAINT-SIMON, car sa doctrine, qu'ils avaient jusque-là enseignée, les condamnait; et ils ont été contraints de se renier eux-mêmes.

Les différentes phases du développement de la foi, chez ceux de mes fils du COLLÉGE qui sont restés près de moi, sont d'autant plus remarquables, que je les leur avais d'avance signalées, en émettant au milieu d'eux mes *théories.* Je leur avais annoncé que tous les repousseraient d'abord, mais que tous, successivement, en remontant à nos travaux précédents, reconnaîtraient l'indispensable nécessité d'admettre les idées nouvelles ou de renier leurs travaux passés, et que je conduirais, par consé-

quent, ceux qui discutaient contre moi à la CON-
TRADICTION *logique*, et à l'IMPUISSANCE *pratique*.

Je vous recommande aussi de songer à la parfaite identité qui existe entre les objections faites
contre nos *idées* MORALES, et qui se résument dans
le mot de PROMISCUITÉ, et toutes celles qui nous ont
été adressées dans l'ordre PHILOSOPHIQUE et POLI-
TIQUE, sous les noms de CONFESSION PANTHÉISTI-
QUE et COMMUNAUTÉ DES BIENS.

Mais je m'aperçois que j'omets une circonstance
nouvelle qui justifie encore d'une manière frap-
pante, et sous un point de vue tout différent, notre
appel à la FEMME : c'est que parmi les dissidents,
nous n'avons pas vu seulement des défenseurs
de la foi ancienne, des *légitimistes* dans l'ordre
MORAL, nous avons aussi nos hommes du *mouvement*, nos *républicains*, nos *révolutionnaires*,
qui trouvent dans nos *théories* un DESPOTISME,
une *sacerdoterie* qui les a repoussés. Ils rejettent
la LOI VIVANTE dans l'ordre MORAL, comme les autres l'avaient rejetée dans l'ordre POLITIQUE, et ils
rêvent une *indépendance* d'amour, qui leur fait
mériter ce reproche de PROMISCUITÉ que le monde
nous adresse. TRANSON et JULES en sont là, et
c'est pourquoi ils se sont rattachés aux idées de
M. FOURIER.

M. Fourier, au reste, est une *tête* très-puissante, ses facultés d'*analyse* et d'*analogie* sont prodigieuses, ses prétentions colossales ; mais il ignore complétement ce que c'est qu'un PRÊTRE, il ne sait pas ce qui constitue le lien harmonique entre deux natures distinctes, ni surtout QUI est ce lien.

Nous avons donc aujourd'hui, en dehors de nous, détachés de nous, deux partis MORAUX, semblables aux deux partis POLITIQUES du *mouvement* et de la *résistance*, mais qui sont pourtant imbus de nos idées, bien plus que ne le sont les partis du monde POLITIQUE ; et nous occupons, entre ces deux partis, une position de *juste-milieu*, avec cette différence que nous ne sommes pas *éclectiques*, parce que nous avons le sentiment qui *choisit*, qui *classe*, qui *ordonne*, le sentiment de la HIÉRARCHIE, et la conscience nette du BUT vers lequel s'avance l'humanité.

Plus nous nous développerons, et plus nous trouverons dans ceux qui nous attaqueront, des *républicains* en MORALE, et des défenseurs de la MORALE CHRÉTIENNE ; et même, parmi nos adversaires, les seuls bientôt qui auront vraiment de la valeur seront, d'une part, ceux qui présenteront la MORALE CHRÉTIENNE comme celle qui convient aux fils de SAINT-SIMON (Buchez est le premier qui ait embrassé cette voix), et de l'autre, ceux qui contesteront nos idées sur le pouvoir et celles sur la propriété, comme contraires à la parole de SAINT-SIMON ; les premiers s'appuyant sur ce que notre MAITRE s'est nommé lui-même nouveau chrétien, les autres sur ce qu'il n'a pas parlé de la destruction de l'hérédité ; tous enfin, sur ce qu'il n'a rien dit des femmes. Et nous marcherons entre ces deux partis qui serviront, par l'exagération de leurs attaques, autant que par leur admiration pour notre MAITRE, à propager notre foi.

Jusqu'ici je ne vous ai parlé que de la manière dont vous tous, hommes, vous deviez envisager notre situation actuelle ; mais quelques symptômes nous annoncent que ce ne sont pas des hommes seulement qui s'occupent de nos idées, qu'elles inquiètent des femmes aussi, et que ces femmes désirent être des instruments puissants de notre foi. Celles qui se sont déjà rattachées à nous souffrent de ne rien faire, d'autres désirent s'unir à celles-ci et agir.

Cette impatience ne sera satisfaite que lorsque ces femmes, convaincues que l'avenir de l'humanité est avec nous, et qu'elles peuvent, elles aussi, contribuer à l'affranchissement de toutes les FEMMES, sentiront et confesseront hautement que, quelle que soit l'ignorance relative où JE puisse être de la vraie nature de la FEMME, je n'ai pas pu, en produisant MA pensée sur un sujet aussi grave, qui est l'œuvre à laquelle j'attache MON NOM, MA VIE tout entière; que je n'ai pas pu, MOI HOMME, proclamer une loi qui aurait besoin d'une révision d'HOMME; lorsqu'elles sentiront et confesseront qu'il ne s'agit pas de combattre, de lutter contre ma parole, mais de la prêcher, comme le VERBE que DIEU a voulu faire proférer par l'HOMME pour provoquer l'affranchissement de la FEMME, lorsqu'elles oseront déclarer qu'elles se rattachent à MOI comme au SAUVEUR des femmes.

Alors votre position sera bien changée, ce seront ELLES qui propageront le plus activement notre foi, ce sera sur ELLES plus que sur VOUS que tomberont les mépris et les injures du monde.

Et pour que le dévouement nécessaire à cette glorieuse mission des FEMMES puisse naître, il faut, je le répète, une condition qui semble bien facile, et qui pourtant exige un cœur plein de FOI RELIGIEUSE; il faut croire que *DIEU* ne s'est pas trompé, lorsqu'après SAINT-SIMON il a remis en MES mains les destinées du monde.

Les FEMMES n'ont vraiment pas eu encore parmi nous d'existence RELIGIEUSE, car elles n'ont pas pu librement choisir les rôles qu'elles remplissaient. Nous qui avons passé, dans le COLLÉGE, cinq grands mois d'exaltation RELIGIEUSE continuelle, dont vous n'avez pu voir d'exemple que dans une ou deux *réunions de la* FAMILLE; nous qui avons senti tous les points de notre être saisis par l'ENTHOUSIASME pour la plus grande œuvre qui jamais ait été conçue, nous pressentons ce que seront les FEMMES, lorsqu'elles seront soumises à une initiation aussi puissante. Que ne feront-elles pas, lorsqu'elles sentiront comme nous que la responsabilité, non-seulement de notre FAMILLE, mais de l'humanité tout entière, repose particulièrement sur ELLES? Alors le poids de leurs anciennes chaînes sera pour elle un léger fardeau, elles soulèveront sans efforts les voiles de leurs mensonges obligés, elles seront vraies entre elles et envers le monde.

Et MOI, MES ENFANTS, MOI qui ai reçu de *DIEU* assez de force pour oser, seul contre tous, prononcer une parole de *liberté* pour la FEMME, parole qui devait troubler la foi des HOMMES les plus forts; MOI qui, depuis lors, ai trouvé chaque jour tant de forces nouvelles, à mesure que plusieurs répétaient, avec conviction et amour, cette parole qui d'abord les avait tant effrayés ; MOI qui me sens plein de vie pour le service de notre *DIEU*, que voudra-t-*IL* donc de MOI lorsqu'il m'entourera d'un chœur de FEMMES, appelant avec moi CELLE qui doit donner à ma parole la délicatesse et la grâce, la douceur et la décence qu'une voix MALE ne pouvait trouver?

Voici la troupe sacrée qui doit aller au-devant de la FEMME MESSIE : MOI, VOUS, ELLES, appelant, chacun selon sa foi, la FEMME à prononcer définitivement sur la loi d'UNION de l'HOMME et de la FEMME.

Mais laissons ces espérances, et revenons à la réalité.

J'ai déjà cherché, sous mille formes, à enraciner profondément dans vos cœurs et dans vos esprits, le sentiment et les idées qui ont fait naître mes *théories* MORALES, et qui leur servent de base. Voici encore un exemple dont vous trouverez de nombreuses applications, et qui me paraît propre à combattre les préjugés qui s'opposent à la *réhabilitation de la* CHAIR. Ces préjugés, enfantés par la foi CHRÉTIENNE, sont passés dans les habitudes les plus ordinaires de la vie, ils la faussent, et agiront souvent sur vous, à votre insu, parce que nous les avons tous, pour ainsi dire, sucés avec le lait qui nous a nourris.

Il est reçu de mettre beaucoup au-dessous des hommes qui recherchent les plaisirs de l'*intelligence*, ceux qui recherchent les plaisirs des *sens*. Ainsi l'homme qui songe à sa *toilette*, à sa *parure*, qui aime les *fêtes*, la *table*, le *luxe* dans sa *demeure* ou sur sa *personne*, est en général considéré (en *théorie* sinon en *pratique*) comme très-inférieur à celui qui cultive avec ardeur son *esprit*, qui cherche avidement la *science*, qui veut acquérir un luxe de *connaissances*. Je parle ici, dans l'un et l'autre cas, des hommes qui CONSOMMENT les produits de l'*industrie* ou de la *science*, plutôt que des PRODUCTEURS, parce que l'exemple est plus frappant, et aussi parce qu'il est nouveau pour nous.

Je dis donc qu'en comparant ces deux espèces de CONSOMMATEURS, les mœurs, les habitudes du monde sont telles, qu'un homme qui songerait presque *uniquement* aux plaisirs des *sens* serait repoussé avec dégoût, tandis qu'on serait plus qu'indulgent envers celui qui ne songerait presque *uniquement* qu'à son *instruction*, et qu'on l'accueillerait même avec estime et considération. Or, il y a beaucoup d'hommes qui accumulent tout ce qu'ils peuvent ramasser d'*idées*, qui se forment ainsi un bazar *intellectuel* à leur usage, où sont empilées d'une épouvantable manière des masses de marchandises *scientifiques*, et qui n'usent de tout cela que pour leur *propre* CONSOMMATION, sans songer à transmettre, à donner ou même à échanger leurs richesses *spirituelles;* vrais *égoïstes* qui apportent dans l'envahissement du monde IN-TELLECTUEL la même avidité, la même brutalité que ceux qui s'enivrent, disons le mot qui se *soûlent* dans le monde MATÉRIEL ; véritables *ivrognes* qui battant les murs et trébuchant dans les voies de l'*intelligence*, vous infectent du débordement de leur bile *scientifique*, vous jettent à tous propos au visage d'indigestes exhalaisons de *physique*, de *chimie*, d'*histoire naturelle* et de POLITIQUE surtout, car c'est là le champagne de ces lourds *ivrognes*.

Eh bien, pour le monde, l'*ivrogne* de l'ESPRIT est un homme *studieux, réfléchi, laborieux ;* on le trouve bien ennuyeux et pédant peut-être, mais on se hâte de mitiger la dureté de ces expressions, et l'on ajoute : *mais* il SAIT beaucoup ! Quant à l'*ivrogne* de la CHAIR, c'est un *gourmand*, un *brutal*, un *pourceau d'Épicure*, ou tout au moins un *fût*.

Cette différence si sensible, et dont le monde

fournit de bien nombreux exemples, doit vous faire voir jusqu'où porte l'influence du *dogme* CHRÉTIEN. Il est de fait que sous l'empire de ce *dogme*, les hommes qui s'abandonnent à l'*ivresse* de la CHAIR sont plus repoussants encore que ceux qui se livrent à une constante *débauche* intellectuelle, car les premiers portent sur leur face même le cachet de la *réprobation* religieuse de la CHAIR, et exagèrent leurs vices comme le font toujours des PARIAS, des RÉPROUVÉS; les autres, au contraire, sont parés d'un reflet de la foi au *DIEU* PUR ESPRIT, et bien des mains tressent en couronne les fleurs de l'*intelligence* pour les placer sur leur tête pendant leur *ivresse;* ils s'*enivrent* donc avec une sorte de noblesse et de sainteté. Mais si l'époque actuelle les traite d'une manière différente, et s'il résulte du préjugé CHRÉTIEN plus de dignité chez celui-ci que chez l'autre, il n'en est pas moins vrai que ces deux natures sont aussi incomplètes l'une que l'autre, et que l'avenir seul pourra leur donner la mesure du légitime emploi de leur *voracité*, parce qu'il ne comprimera pas l'une par ses mépris, et n'exaltera pas l'autre par ses louanges, et qu'il saura tirer parti de leur puissance CONSOMMATRICE, car c'est une sainte puissance que de savoir *bien* CONSOMMER.

Je recommande surtout à ceux qui écrivent dans le *Globe* de réfléchir à ce que je viens de dire; ils doivent y puiser les sujets d'une foule d'*articles* de MŒURS très-piquants, et qui sont propres à faire facilement comprendre, et pour ainsi dire, à faire toucher du doigt notre *dogme*.

Mais c'est assez parler des *idées*, occupons-nous de nos PERSONNES.

MES ENFANTS, il y a eu ces jours-ci parmi vous quelques altérations de foi. Si quelqu'un éprouvait ici le besoin de parler sur notre situation actuelle, sur le caractère de notre action POLITIQUE ou de nos tentatives *industrielles*, qu'il parle. Comme nous avons, par exemple, beaucoup modifié nos relations avec nos OUVRIERS, quant aux projets d'association surtout, il serait possible que quelques-uns d'entre vous eussent besoin d'être éclairés à ce sujet.

Toussaint. — PÈRE, après quelques indécisions, ma foi est aujourd'hui très-nette, quant à la nécessité de la marche actuellement suivie; mais je voudrais que le *Globe* s'expliquât, à cet égard, très-catégoriquement, afin que ceux qui sont éloignés de PARIS, et spécialement mes fils de BELGIQUE, qui ont été dans le même cas que moi, soient éclairés, et que je puisse les retrouver pleins de foi, lorsque je reviendrai au milieu d'eux.

Le PÈRE. — L'ignorance où l'on est sur ce point tient à ce que tous les enseignements d'ouVRIERS ont été suspendus. Là, les explications que tu demandes auraient été données. Mais le *Globe* parlera.

Toussaint. — Ces explications répondraient à la brochure de JULES LECHEVALIER et à celle de BAZARD, surtout à celle de TRANSON, parce que TRANSON parle de la réalisation actuelle, et il est nécessaire d'en démontrer l'impossibilité.

Le PÈRE. — A propos de ces brochures de JULES et de TRANSON, je me rappelle que j'ai prononcé tout à l'heure le nom de M. FOURIER. LAMBERT nous fera une instruction sur ses ouvrages, car il est nécessaire que vous compreniez bien comment des hommes qui ont eu un nom parmi vous, des hommes tels que JULES et TRANSON, se sont rattachés aux idées de M. FOURIER; et de toutes manières, il est bon que vous connaissiez ses travaux; car, je vous l'ai déjà dit, vous y trouverez de grandes choses; par exemple, sa critique du monde actuel sous le rapport *économique*, son analyse du temps perdu par suite de la *concurrence*, et sa mordante satire contre la MORALE CHRÉTIENNE, vous seront très-profitables; vous y verrez d'ailleurs toute l'exagération du sentiment de la MOBILITÉ, et cela vous fixera davantage sur la légitime part que ce sentiment prendra dans la MORALE de l'avenir.

Lesbazeilles. — PÈRE, j'ignore si les DIRECTEURS d'*arrondissement* se réunissent dans le but d'arrêter un plan d'enseignement pour les OUVRIERS; mais j'ai annoncé au PÈRE FLACHAT que je lui soumettrais quelques idées à cet égard que je jetterai sur le papier.

Le PÈRE. — Présente ton plan à FLACHAT; mais les réunions des DIRECTEURS d'*arrondissement* ont en effet le but dont tu parles.

Bottiau. — PÈRE, j'ai besoin de vous signaler un fait qui me chagrine, quoiqu'il n'ébranle ma foi en aucune manière. Je suis venu à la DOCTRINE il y a dix mois; nous étions peu nombreux alors, et je ne vois pas que notre nombre se soit augmenté sensiblement; je ne sais à quoi l'attribuer, cependant je crois en trouver la cause dans la désorganisation actuelle de la HIÉRARCHIE, dont on ne s'occupe pas beaucoup en ce moment.

Le PÈRE. — Tu sais bien que nous nous proposons surtout maintenant des conversions *individuelles* plutôt que des conversions *générales,* nous avons besoin de trouver des néophytes *forts,* plutôt que de nous adresser à *beaucoup*. Pendant quelque temps, nous avons sonné notre cloche à toute volée ; tout le monde entrait, puis nous fermions la porte sur tout ce qui était dedans. Aujourd'hui il faut qu'on entre très-difficilement, et que la porte soit très-étroite et bien gardée. Nous avons été avertis, par la retraite même de plusieurs, que le *nombre* n'était pas pour nous la chose capitale ; si elle était capitale, *DIEU* ne nous aurait pas enlevé tant d'hommes, car les faits qui frappent les APÔTRES ne sont pas dus au *hasard*. Tirons donc de la scission cette conséquence : c'est qu'au lieu d'enlever au monde, comme nous le faisions autrefois, les hommes qui témoignent quelque affection pour nous, nous devons, au contraire, les maintenir dans le monde, pour qu'ils le préparent à notre foi, et soient prêts à y répondre à notre appel ; ne cherchons à les amener dans notre sein que par exceptions rares, et pour de puissants motifs ; montronsleur même qu'il leur est possible de nous rendre plus de services là où ils sont qu'ici ; nous sommes plus que suffisants pour remplir les fonctions actives de l'APOSTOLAT.

Quant à ce que tu viens de dire sur la HIÉRARCHIE, il est vrai que nous sommes dans un provisoire dont l'*ordre* souffre un peu ; mais c'est une

condition inévitable de notre situation. Les PRÉDICA-
TIONS sont interrompues, nos *enseignements* gênés,
tous les hommes de la parole ont la bouche fermée;
beaucoup de membres de la FAMILLE sont donc, en
quelque sorte, forcément inactifs, et toutefois la
classification imparfaite qui existe aujourd'hui par
FONCTIONS est un véritable progrès sur la hiérarchie par DEGRÉS, quoique celle-ci soit plus commode pour l'*ordre* en général; mais elle l'est moins
pour le *travail*, et je dirais surtout pour la *liberté*.
La hiérarchie par FONCTION a une espèce de *mobilité*, d'*élasticité* plus favorable au développement
de chaque CAPACITÉ.

Bottiau. — J'avais toujours bien senti que dans
l'ordre MORAL, la classification par *degrés* était
fautive, et qu'elle répondait au besoin de *régula-
rité* seulement. La classification par FONCTIONS me
semble donc une très-bonne chose; mais je croyais
qu'il fallait faire marcher de front ces deux modes
d'organisation, car je ne conçois pas comment
l'*ordre* pourrait exister dans les FONCTIONS actuellement existantes, si aucuns *grades* n'existent
dans le sein de chacune de ces FONCTIONS.

Le PÈRE. — Je te le répète, nous sommes dans
un moment de transition qui nous condamne à
cette imperfection, et je compte sur votre foi pour

parer aux inconvénients qui pourraient en résulter. D'ailleurs, rappelez-vous ce qui se passe lorsqu'une HIÉRARCHIE nouvelle cherche à se former sur une nouvelle base : il y a toujours un moment de confusion, pendant lequel un *baron* peut bien être obligé d'obéir à un *chevalier*, et commander à un *duc* et même à un *prince*. Je compte sur vous, dis-je, et aussi sur MOI, pour nous garantir des dangers d'une semblable évolution.

Bottiau. — Je ne dis pas cela pour l'*intérieur* de la FAMILLE, mais parce que je pense que ce désordre, au moins apparent, est de nature à empêcher beaucoup de personnes de se rattacher à nous.

Le PÈRE. — Rappelle-toi que c'était autrefois notre constitution HIÉRARCHIQUE qui effrayait beaucoup d'hommes forts. Je crois, par exemple, qu'il est plus facile de se décider à faire son apprentissage de doctrine aujourd'hui, même en préparant les *bandes* du *Globe*, qu'il ne l'était autrefois d'entrer au *troisième* DEGRÉ. Des *titres* qui désignent des FONCTIONS sont acceptés plus facilement que des *grades* qui indiquent seulement un rapport d'*inférieur* à *supérieur* ; d'ailleurs ne comptons pas sur les hommes qui verraient là un motif pour ne pas *oser* être APÔTRES.

Toussaint. — Comment fera-t-on dans l'intérieur de la famille? Autrefois il y avait des *fils*...

Le PÈRE. — Je n'ai rien changé à cette classification ancienne, mais au reste il y a dans tout ceci un sentiment que je suis bien aise d'exprimer, car il répond parfaitement à la phase actuelle; le voici :

Pour la rénovation de notre HIÉRARCHIE, je ne suis pas fâché de *compromettre* mon AUTORITÉ ; je désire que vous fassiez d'abord entre vous des élections *fraternelles, libres, populaires ;* j'apprendrai, par exemple, avec grand plaisir, que quelques-uns d'entre vous donnent le nom de PÈRE à celui que, jusqu'ici, ils auraient appelé *frère*. Autrefois il est souvent arrivé à vos PÈRES de précéder votre amour, d'aller au-devant des élections que vous deviez, plus tard, acclamer, mais que vous ne sentiez pas tout d'abord ; aujourd'hui rendez-moi la pareille, désignez-moi vous-mêmes ceux que vous jugez dignes d'être vos CHEFS, il me sera doux de *sanctionner* vos choix, comme il vous a été doux d'*acclamer* aux MIENS.

Toussaint. — Mais pour l'avenir les élections par en bas n'auront pas lieu.

Le PÈRE. — Ne crains rien ; nous ne tomberons pas dans la *démocratie*.

D'Eichthal, tu m'as demandé à nous entretenir ce soir de ta mission d'ANGLETERRE, tu peux parler.

D'EICHTHAL. — Je suis revenu de LONDRES il y a peu de jours, et je désire vous dire quelles sont les espérances sur la propagation de notre foi en ANGLETERRE.

Le PÈRE pense (et nous qui avons été sur le terrain nous partageons bien son opinion), que ce ne sont pas des FRANÇAIS mais seulement des ANGLAIS qui pourront convertir l'ANGLETERRE. Notre mission se borne donc à donner l'impulsion à quelques hommes ; ainsi je veux donc moins vous dire ce que nous ferons, nous, que vous parler de l'état général de la société ANGLAISE.

L'ANGLETERRE est à la veille d'une révolution, qui ne ressemblera pas à la nôtre de 89 ; celle-là, l'ANGLETERRE l'a eue en 1688. A cette époque, la *bourgeoisie* s'est soulevée contre la *féodalité* et contre l'*Eglise ;* il en a été de même en FRANCE un siècle plus tard. Après le renversement de l'ordre ancien, a été établi cet ordre bâtard et transitoire qu'on nomme *restauration*, lequel a duré en ANGLETERRE cent cinquante ans. tandis qu'en FRANCE il ne durera que vingt ou vingt-cinq ans tout au plus.

Dans les deux révolutions, les périodes sont analogues, et le mouvement qui se produit en ce moment en ANGLETERRE est semblable à celui qui s'est manifesté en FRANCE, par la *révolution de* 1830. Ainsi, ce qui se fait contre l'*Église anglicane*, en ce moment, peut se comparer à la déclaration que les Chambres françaises viennent de faire, qu'il n'y a plus de *religion de l'État;* les attaques contre la *noblesse* sont semblables à la destruction de notre *pairie héréditaire;* toutefois, en ANGLETERRE, l'hostilité est plus vive, parce que la noblesse y a conservé plus de puissance; enfin, en ANGLETERRE comme en FRANCE il n'y aura plus de *république*, elles sont passées par là l'une et l'autre, au moment de leurs grandes révolutions; les nations ne se répètent pas. La *république* est aussi peu désirée en ANGLETERRE qu'en FRANCE; aujourd'hui la question n'est pas là pour les peuples; partout, dans le monde, le peuple est sorti ou sort de l'esclavage; il aspire à une vie nouvelle; c'est le peuple des TRAVAILLEURS, il veut une organisation qui lui soit *propre*, qui soit dans son intérêt; il ne lui faut plus que des CHEFS.

Cette tendance à l'organisation politique des

TRAVAILLEURS est manifeste surtout, en ANGLE-
TERRE, parce que la population *industrielle* y a
pris une extension considérable ; et si la FRANCE a
dû fournir les premiers PRÊTRES de la foi nouvelle,
parce que c'est elle qui a le plus de SOCIABILITÉ,
c'est l'ANGLETERRE qui doit fournir le premier
PEUPLE de l'ordre nouveau.

Pour bien apprécier la position du PEUPLE en
Angleterre, il faut jeter un coup d'œil sur ce qui
s'est passé dans ce pays depuis quarante ans.

Lorsque la révolution française éclata, le contre-
coup s'en fit ressentir de l'autre côté du détroit. Des
sociétés de *jacobins* s'organisèrent dans toute l'AN-
GLETERRE, l'ÉCOSSE et l'IRLANDE . On en fut momentanément effrayé, et l'on recourut à la rigueur
pour s'opposer à leur progrès. PITT, avec quelques
exécutions , quelques emprisonnements , et surtout
avec la guerre contre la FRANCE, en vint à bout et
les fit disparaître ; mais peu après il se forma une
vingtaine d'autres sociétés avec un caractère tout
nouveau, et qui étaient l'expression du malaise
des classes *industrielles*. Ces sociétés, qui jouèrent
un assez grand rôle jusqu'en 1814, exigèrent de la
part du gouvernement des efforts de répression
assez considérables.

Depuis la paix, le mouvement des OUVRIERS, des

PROLÉTAIRES, dans le but d'améliorer leur sort, devint plus manifeste encore, et partout plus précis. Des *associations* d'OUVRIERS furent fondées dans le but de réclamer la hausse des *salaires* et la diminution des *heures de travail*, et de faire régler l'*âge* auquel les enfants seraient admis dans les ateliers. Ces associations se multiplièrent; quelques hommes, parmi lesquels on doit mettre en première ligne M. PLACE, tailleur de LONDRES, s'occupèrent de régulariser ce mouvement. Grâce à ces efforts, la classe OUVRIÈRE est parvenue à obtenir l'abolition des lois contre les *coalitions*, et c'est même le seul pays où ce résultat ait été obtenu. D'un autre côté, les heures de travail ont été réglées d'une manière insuffisante, il est vrai, mais pourtant avec un peu plus de philanthropie; enfin l'ANGLETERRE est le seul pays où les classes OUVRIÈRES aient le droit de s'assembler pour s'occuper de leurs intérêts, librement, sans l'intervention de l'autorité.

Il y a sept ou huit ans, on a créé dans toute l'ANGLETERRE, par suite des efforts de ces associations d'OUVRIERS, des institutions ayant pour but de répandre parmi elles les connaissances *techniques* les plus utiles, et les principes de l'*économie politique;* et des journaux tirés à un très-grand nombre d'exemplaires, et paraissant tous les dimanches, ont une destination entièrement populaire.

L'état précaire de l'immense majorité de la population qui vit de *salaires*, et dont une grande partie est soutenue par l'aumône, sous le nom de *taxe des pauvres*, l'élévation du taux des *fermages* par suite du monopole qu'exerce l'aristocratie, enfin la prohibition des blés étrangers et les fréquentes faillites des *banques*, portèrent la classe ouvrière à étudier, à analyser ces grandes questions qui sont la base de l'*économie politique* : *salaires, fermages, intérêt*. Déjà depuis cinquante ans les penseurs anglais, à la suite de Smith, avaient préparé le pays à l'intelligence de ces matières, qui sont aujourd'hui puissamment vulgarisées.

Depuis 1814, où les intérêts des classes OUVRIÈRES commencèrent à prendre tant d'importance, un homme a paru qui mérite toute notre attention ; je veux parler de M. Owen.

M. Owen avait été frappé des inconvénients d'un principe dans lequel les économistes n'avaient vu que des avantages, et qu'ils avaient prêché comme fondement POLITIQUE de leur science *industrielle*, du principe de la *concurrence*. Sous ce rapport, M. Owen fit en Angleterre ce que M. Fourier a fait en France, mais d'une manière plus pratique ; il a démontré qu'il y aurait moyen d'améliorer le sort des populations actuelles, si l'on donnait une meilleure direction aux instruments de production ; il a en même temps propagé cette doctrine MORALE, savoir, qu'il était mal de voir une partie de la société, qui *ne travaille pas*, jouir largement des produits de celle qui *travaille ;* et il a présenté ces idées *critiques* contre la *concurrence* et l'*oisiveté* sous une foule de formes et dans maintes occasions.

Sous le rapport *organique,* M. Owen a été beaucoup moins heureux. Son système se réduit à une COMMUNAUTÉ par *égalité* où chacun serait successivement *gouvernant* et *gouverné ;* mais il est vrai de dire, à son honneur, qu'il considère lui-même ses idées *organiques* comme moins bien arrêtées et formulées que ses idées *critiques,* et qu'il compte, pour leur développement, sur les expériences *pratiques* qui seraient tentées.

M. Owen a cherché à réaliser son système dans plusieurs lieux et à des époques différentes, et toujours il a échoué. Ses associations ne tardèrent pas à se dissoudre ; elles ont été utiles, cependant, parce qu'elles ont inspiré le désir d'un changement *radi-*

cal et pourtant PACIFIQUE dans l'organisation sociale, d'une révolution ayant pour base l'intérêt *industriel*, l'amélioration du sort des TRAVAILLEURS.

Les idées de M. OWEN, répandues dans toute l'ANGLETERRE, ont donné lieu à la formation des *sociétés coopératives*, dans lesquelles les OUVRIERS se réunissent, dans le but de s'associer pour la *consommation ;* ils cherchent ainsi l'économie dans les achats, et les bénéfices de la combinaison de plusieurs petites industries morcelées. Ces associations se sont beaucoup multipliées, et elles ont propagé puissamment les idées *critiques* de M. OWEN sur la *propriété*, sur la *concurrence* et sur l'*oisiveté ;* de sorte qu'aujourd'hui la plupart des OUVRIERS peuvent donner une analyse assez exacte de la *rente* ou *fermage*, de l'*intérêt de l'argent* et des *salaires*, c'est-à-dire des relations générales des *propriétaires* et des *non-propriétaires*.

Mais quoiqu'il résulte de tout ceci, pour les OUVRIERS ANGLAIS, le désir d'une ASSOCIATION INDUSTRIELLE, ils ne la conçoivent que bien imparfaitement, puisque le système de M. OWEN est étranger à toute idée de HIÉRARCHIE. Le grand avantage de ces efforts consiste donc seulement dans la conscience qu'ils ont donnée au peuple,

d'un affranchissement sans *violence,* qui ne peut s'opérer qu'avec l'assentiment et le concours des classes *supérieures.* Et en effet, il est certain que les classes *inférieures* ont montré une patience extraordinaire dans leurs souffrances. L'*évêque* de DUBLIN dit, dans un rapport, qu'il a trouvé des hommes mourant de faim, par suite de l'introduction de nouvelles machines, et que ces hommes disaient : « Nous savons que les machines sont né-
» cessaires et que nos efforts pour les détruire
» seraient vains, parce qu'il est de l'intérêt de la
» société qu'elles soient introduites ; nous ne sa-
» vons pas comment sortir de la position misérable
» à laquelle elles nous condamnent, mais nous
» nous résignons, espérant profiter nous-mêmes
» un jour des avantages que produiront les nou-
» velles machines. »

Malgré le tableau que je viens de vous faire de la situation des classes OUVRIÈRES en ANGLETERRE, il ne faudrait pas croire que je leur attribue des SYMPATHIES plus larges, plus généreuses que celles de notre peuple FRANÇAIS ; mais certainement elles sont beaucoup plus avancées, sous le rapport *théorique* et *pratique* de l'œuvre INDUSTRIELLE, c'est-à-dire beaucoup plus fortes en *économie politique.*

Quant aux classes *moyennes*, elles renferment aussi des hommes qui s'occupent avec ardeur de l'amélioration du sort du peuple, et ces hommes se rattachent aussi à M. Owen. Je vous ferai connaître par le *Globe* deux brochures nouvelles qui sont profondément empreintes du sentiment d'association de tous les peuples. Les auteurs parlent de nous, ils nous connaissent imparfaitement, mais ils sentent que nous nous proposons un but analogue au leur, et l'on voit que ce sont des hommes prêts à nous écouter.

D'un autre côté, l'*aristocratie*, fortement attachée à ses priviléges, repousse toute innovation, surtout en ce qui concerne la constitution de la *propriété;* cependant, depuis trente ans, elle a montré qu'elle savait toujours céder à point; le sentiment de la nécessité est très-puissant sur elle; elle n'est pas SYMPATHIQUE, mais elle a assez de *tact* et de *raison*, et le mouvement des classes *inférieures* l'entraîne peu à peu. Ainsi les grandes concessions ont toujours été faites par elle, à la suite des démonstrations parties du sein des classes OUVRIÈRES, et qui, la plupart du temps, ont été conseillées par des membres de l'*aristocratie*. Je crois donc qu'il y a dans cette classe une puissance qui peut être mise en œuvre pacifiquement, et que sous ce rapport l'*aristocratie* ANGLAISE fera moins obstacle que la nôtre.

Quant à la classe *commerciale*, c'est, d'après ce que j'en ai vu et entendu dire, ce qu'il y a de moins éclairé et de plus égoïste ; mais il faut dire que c'est elle qui dirige le mouvement *industriel* et son immense appareil de machines, et que tout cela est monté sur des proportions gigantesques. De même c'est cette classe qui règne dans les *banques*, dont le système est bien plus perfectionné que chez nous ; aussi pouvons-nous dire, que si la nation ANGLAISE est moins avancée que nous sous le rapport MORAL, elle nous dépasse prodigieusement sous le rapport *mécanique, instrumental, exécutif, pratique.*

Il me reste encore à examiner d'importants éléments de l'ordre social, et d'abord je parlerai de l'élément RELIGIEUX.

Tandis qu'une partie de la population OUVRIÈRE s'est jetée dans la doctrine d'OWEN, y cherchant une amélioration *matérielle*, une autre partie, par suite de sa misère, et dégoûtée du spectacle mercantile qui l'entoure et dont elle ne jouit pas, s'est rejetée avec fureur dans le CHRISTIANISME. Les MÉTHODISTES se sont multipliés comme les OWENISTES, et l'on a vu souvent, m'a-t-on dit, des conversions subites de l'une de ces croyances à l'autre.

Ces méthodistes ne sont pas, en général, ce qu'il y a de plus avancé dans la population, pourtant il y a parmi eux des hommes forts.

En Écosse, les traditions chrétiennes qui annoncent une rénovation ont trouvé de l'écho. L'Écosse est le pays de la spéculation *intellectuelle*, il y a aujourd'hui une philosophie écossaise, il n'y a pas de philosophie anglaise, et la réapparition du christianisme s'y produit en effet sous une forme *métaphysique*, sous une forme allemande.

Enfin, à côté de l'Angleterre et de l'Écosse, vit un peuple jusqu'ici opprimé, exploité, et qui pourtant est vraiment le peuple prêtre des trois royaumes. L'Irlandais n'a pas encore été compris; son ardeur, son jugement l'ont fait juger par les Anglais comme un enfant, et cependant l'Irlandais est le Français de l'Angleterre; parmi eux se trouveront les *orateurs*, les *artistes*, les prêtres de ces contrées. L'homme qui a su acquérir de nos jours la plus grande popularité, est O'Connel; c'est le seul homme, dans le parlement, qui ait de l'animation, de la poésie, de la véritable éloquence. Dernièrement nous l'avons entendu; c'était vraiment touchant de voir cet homme, se féliciter de ce qu'au milieu des luttes politiques où il a vécu, et malgré sa profession d'avocat, d'homme de loi, il avait pu conserver encore quelque poésie ; et en effet sa parole en était pleine.

Je crois que nous trouverons en Irlande de puissants auxiliaires comme *artistes*.

L'état de ce pays, en ce moment, est effrayant ; vous savez combien la population s'est accrue, et combien elle gémit sous les charges qui pèsent sur elle ; combien les classes *inférieures* y sont misérables. Le fait politique contre lequel toutes ces douleurs conspirent aujourd'hui, c'est la *dîme*, et le procédé que les IRLANDAIS emploient pour s'en affranchir est remarquable ; ils ne refusent pas de payer, ils laissent enlever la dîme de leurs récoltes ; puis, lorsqu'elle arrive au marché, personne ne se présente pour l'acheter. On a même transporté de ces produits jusqu'à LIVERPOOL sans trouver d'acheteurs, de sorte que si la *dîme* n'est pas supprimée, elle est considérablement réduite pour ceux qui la perçoivent.

Mais ce refus de payement ne s'arrête pas aux *dîmes*, il commence à s'étendre aux *fermages*, car le peuple a facilement compris l'analogie de ces deux redevances ; d'ailleurs le CLERGÉ qui a droit aux *dîmes* est présent, tandis que les SEIGNEURS à qui reviennent les *fermages* ne sont presque jamais sur les lieux, et ne peuvent pas même invoquer le fameux argument du *luxe des riches qui fait vivre les pauvres*. Les plaintes de l'IRLANDE contre la *dîme* et le *fermage* ont retenti d'une façon éclatante en ANGLETERRE, et il ne serait pas surprenant qu'elles y produisissent un semblable résultat.

J'ai parlé des classes OUVRIÈRES, de l'*aristo- cratie*, de la classe *moyenne* ou *commerçante* en ANGLETERRE et de l'état général des populations d'ÉCOSSE et d'IRLANDE, mais je n'ai rien dit encore de l'ÉGLISE ANGLICANE. C'est une grande superfé- tation qui menace ruine de toutes parts ; voilà tout ce que j'ai à en dire.

En résumé, le mouvement qui me paraît le plus important pour nous en ANGLETERRE, c'est-à-dire celui qui prépare le plus les esprits à l'adoption de nos doctrines, c'est le mouvement opéré par les OWENISTES, mouvement critique dirigé contre la *concurrence* et l'*oisiveté ;* mouvement *organique*, en ce sens seulement qu'il est PACIFIQUE. Mais le progrès que les OWENISTES auraient à faire pour embrasser la DOCTRINE, serait (et ils y sont très- disposés), de donner à l'œuvre de réalisation *indus- trielle* un caractère politique. M. OWEN n'a pas pu concevoir ainsi tout d'abord la réforme sociale, parce qu'il avait sous les yeux une *aristocratie* très- puissante, et qu'il ne pouvait imaginer qu'elle consentirait à seconder des hommes qui modifieraient son existence; c'est pourtant ce qui aura lieu. Nous avons eu quelques conversations avec M. OWEN sur ce sujet, et il a été frappé de cette différence entre notre système et le sien; il nous a même dit que s'il n'avait pas, jusqu'ici, tenté d'agir sur l'*aristocratie*, c'est qu'il ne croyait pas que le temps fût venu de le faire; en effet, le temps n'*était* pas venu; mais il approche, car l'aristocratie commence à être sérieusement inquiète, elle doit donc être bientôt à la recherche des moyens de conciliation, des concessions qu'elle sera, comme elle l'a toujours été, la première à formuler et à réaliser; en ce moment elle a l'oreille ouverte à tous les conseils, c'est donc à nous à parler.

Le jour où les ANGLAIS, préparés par les travaux de leurs *économistes*, et en dernier lieu par ceux des OWENISTES, sentiront que l'œuvre de transformation *industrielle* doit être en même temps une œuvre POLITIQUE, et qu'elle ne doit pas être seulement ANGLAISE, mais aussi FRAN-ÇAISE, EUROPÉENNE, UNIVERSELLE, ce jour-là ils seront SAINT-SIMONIENS, et la cause des TRAVAIL-LEURS aura obtenu un succès dont nous ressenti-rons ici l'influence bienfaisante.

Le PÈRE. — Tu vois donc dans les trois

peuples IRLANDAIS, ÉCOSSAIS, ANGLAIS, notre trinité; PRÊTRES, *savants, industriels*. A l'époque
où nous nous occupions de nos travaux *dogmatiques*, nous avons été en effet en relation avec
l'ECOSSE; maintenant que nous avons les yeux
tournés vers l'*industrie*, tu as fait avec DUVEYRIER
une première apparition à LONDRES; enfin, comme
nous désirons la création de notre CULTE, il nous
faudra bientôt songer à l'IRLANDE.

As-tu quelqu'un en ANGLETERRE qui puisse nous
ouvrir des relations avec l'IRLANDE?

D'EICHTHAL. — Oui PÈRE; et d'ailleurs la
vieille haine nationale des ANGLAIS contre les
IRLANDAIS doit recevoir prochainement une solution providentielle; la situation actuelle de ces
deux peuples les oblige à un contact qui sera
favorable à l'un et à l'autre.

Ce pauvre peuple d'IRLANDE, on le voit dans
les rues de DUBLIN, en haillons et un morceau de
pain noir à la main; il est toujours gai, content,
plein d'espoir et de vie.

Le PÈRE. — Il faudra, le plus vite possible,
nous envoyer ici des ANGLAIS; un contact intime
avec nous leur est nécessaire.

En parlant de M. OWEN et des méthodistes, tu
aurais pu faire remarquer la position toute parti-

culière que nous occuperons entre les partis nombreux qui existent en ANGLETERRE, soit en POLITIQUE, soit en RELIGION, nous qui unissons la RELIGION et la POLITIQUE.

Ainsi les MÉTHODISTES qui viendraient écouter nos prédications, seraient surpris d'y trouver autant de POLITIQUE; et, d'un autre côté, les RADICAUX, venant à nous comme à leurs *clubs* et à leurs *meetings*, entendraient avec étonnement notre parole RELIGIEUSE. Nous ferions plus facilement sentir à chacun d'eux ce qui leur manque, car il manque aux hommes POLITIQUES d'être RELIGIEUX et aux hommes RELIGIEUX d'être POLITIQUES. Ce caractère mixte d'ailleurs ne permettrait pas de mettre en doute notre amour pour le PEUPLE, et donnerait en même temps la garantie de notre volonté PACIFIQUE; ce qui serait mieux porté en ANGLETERRE qu'en FRANCE, où les opinions extrêmes sont moins tombées.

Quant à ce que tu as dit de la position avancée des OWENISTES, par rapport à toutes les autres portions de la société ANGLAISE, et du peu de distance qui les sépare de nous, je crois que tu as exagéré leurs dispositions progressives. Certainement les hommes qui ont poussé le plus loin la *critique* sont les plus avancés, *pour le moment,* en ANGLETERRE, or ce sont les OWENISTES; ils ont critiqué radicalement la constitution de la *propriété*, ils ont même fait la critique de la critique en combattant la *concurrence*, et sont enfin arrivés à une espèce de *loi agraire*. Mais s'ils sont les plus avancés, *pour le moment*, si même ils mêlent à leur doctrine un sentiment PACIFIQUE assez prononcé, il n'en est pas moins vrai qu'ils sont RÉPUBLICAINS, et que le dogme de l'*égalité*, de l'*indépendance* de toute HIÉRARCHIE, est profondément gravé dans leurs esprits. Or la lutte entre les classes *supérieures* et les classes *inférieures*, c'est-à-dire entre les éléments de la vieille HIÉRARCHIE, est imminente en ANGLETERRE, plus que partout ailleurs; cette nation est sur un volcan, nous devons donc, *avant tout*, porter dans ce pays un langage de paix et de conciliation entre les partis; et les hommes les plus avancés, les plus proches de nous, sont ceux qui sont le plus capables d'entendre ce langage d'ordre et de conciliation.

Eh bien, d'après ce que tu as dit toi-même de l'*aristocratie* ANGLAISE, n'est-il pas évident que si nous pouvions imposer notre main religieuse sur la tête de quelques nobles lords, non-seulement nous aurions fait beaucoup plus qu'en convertissant en FRANCE un assez grand nombre de nos nobles qui n'ont plus d'influence POLITIQUE, mais que nous aurions donné à l'Angleterre l'impulsion qui doit sortir de nous, puisque tu as dit encore que dans ce pays c'était l'ARISTOCRATIE qui formulait la première des concessions en faveur du peuple; tu ajoutais, il est vrai, que pour cela il avait fallu, jusqu'ici, qu'elle fût pressée par les réclamations populaires, mais nous pouvons nous en rapporter, pour cette partie *critique* de la tâche, à d'autres que nous, aux OWENISTES par exemple, tandis que nous ferions œuvre *organique*, en provoquant directement, par la conviction et la persuasion, les concessions nouvelles de l'*aristocratie*.

D'EICHTHAL. — Je sens toute la valeur de votre observation, PÈRE, et je l'adopte, quoique j'ignore, pour le moment, comment nous pourrions, nous FRANÇAIS, nous SAINT-SIMONIENS, qui ne sommes pas en général de race *féodale*, comment nous pourrions aborder aujourd'hui, avec espoir de succès, l'*aristocratie* ANGLAISE.

Mais j'ai besoin d'ajouter une observation à ce que vous avez dit sur notre double caractère, POLITIQUE et RELIGIEUX. Il y a en ANGLETERRE un grand nombre d'hommes distingués qui réunissent la foi CHRÉTIENNE aux doctrines OWENISTES.

Le PÈRE. — Ces hommes professent-ils leur foi

RELIGIEUSE et leur foi POLITIQUE en même *temps* et dans le même lieu? Je serais bien trompé, d'ailleurs, si ces hommes n'étaient pas, en POLITIQUE *républicains*, et en RELIGION *mystiques*.

D'EICHTHAL. — M. Owen a tenté de réunir ces deux caractères.

Le PÈRE. — Quel est le LIEN qui existe entre lui et ses associés? Est-il leur CHEF et en même temps leur PRÊTRE?

D'EICHTHAL. — Il n'est réellement ni l'un ni l'autre. Il n'existe entre tous aucun lien HIÉRARCHIQUE; j'ai même été frappé d'une chose qui m'a paru étrange : pour être membre de l'association, il faut avoir payé une guinée.

Le PÈRE. — C'est un véritable cens électoral.

Dis-nous encore quel rôle les FEMMES jouent dans ces associations.

D'EICHTHAL. — Les FEMMES commencent à y jouer un rôle. Dans les réunions auxquelles nous avons assisté, il y avait un grand nombre de FEMMES sur l'estrade. J'ai peu vu de physionomies aussi animées que là. Elles sentent leur égalité avec l'HOMME, et parmi toutes ces FEMMES, disciples de M. OWEN, il en est quelques-unes, particulièrement miss WRIGHT, qui par leurs écrits, leurs voyages, leurs travaux, leur énergie et leurs dis-

cours, se sont manifestées d'une manière fort remarquable.

Le PÈRE. — Je te demande si M. Owen assigne
lui-même un rôle spécial, une fonction aux FEM-
MES, dans ces associations.

D'Eichthal. — Non, PÈRE ; ce sont plutôt les
FEMMES qui se sont attachées à lui, mais il ne les
appelle pas ; elles le gênent même, il ne le leur
cache pas, et leur dit souvent : Attendez, attendez,
si vous venez si vite, vous nous gênerez

Le PÈRE. — Voilà ce que je te demandais.

SOIRÉE DU 14 FÉVRIER 1832.

Le PÈRE. — Mes enfants, je vous disais dernièrement qu'il se préparait pour nous de grandes
choses ; et, en effet, nous voici à une rude épreuve.
Je vous demande de la patience ; cette vertu vous
sera souvent nécessaire dans l'APOSTOLAT. Ne vous
hâtez pas trop, sur des bruits qui vous sont irrégu-
lièrement parvenus, de vous former une opinion sur
des choses que je ne peux moi-même vous annoncer encore. Restez dans l'attente ; c'est pénible,
mais je vous en ai donné l'exemple ; si vous en souf-
frez, j'ai souffert avant vous.

Nous marchons vers l'unité d'*action*, et nous n'y serons parvenus que lorsque l'unité de *pouvoir* sera complétement réalisée par l'homme et par la femme. Jusque-là nous aurons, comme nous en avons déjà eu, des oscillations, pendant lesquelles notre avenir prochain restera momentanément voilé. Ces moments où l'apôtre cherche à deviner son lendemain, lui qui voit si clairement à travers les siècles, sont ses moments de douleur, et pourtant sa vie en est fréquemment semée. Notre route est si bien tracée à grandes distances, que nous avons toujours la certitude, devant tous les obstacles qui viennent nous entraver, que nous n'en perdrons pas la trace, et pourtant il y a pour nous alors un moment de recherche douloureux. Il serait fâcheux que vous n'éprouvassiez pas tous cette douleur, qui est un signe de notre imperfection, et qui nous pousse à réaliser le progrès que cette souffrance même nous présage.

Nous l'avons dit, l'humanité ne se répète pas, nous ne nous répéterons pas non plus; que les souvenirs récents de notre dernière crise ne vous inspirent donc pas d'inquiétudes pour ce qui se passe aujourd'hui, jusqu'à ce que j'aie quelque chose de positif à vous dire sur notre avenir. Rien n'est encore changé dans notre position, et, je vous le répète, patientez, attendez, ayez plus que jamais foi en MOI.

Nous avons fait aujourd'hui une légère modification à notre vie intérieure. MICHEL et FLACHAT ont institué la table de leur FONCTION, de manière à donner, à l'une des communions journalières, le caractère RELIGIEUX que ces communions n'avaient pas.

Je vous ai annoncé que nous aurions encore d'autres changements à opérer ; les chefs de FONCTIONS vous ont prévenus ; tous ces changements auront le même but : donner à notre vie un caractère RELIGIEUX qui lui manque encore.

Je vais vous laisser ; je désire cependant que vous restiez ici, que vous causiez entre vous, et que vous consacriez spécialement cette soirée à raffermir les relations d'affection indissoluble qui doivent unir des APÔTRES. Nous avons pu nous présenter, pour ainsi dire désarmés, à l'*hérésie* dernière, et cela nous a fait commettre beaucoup de fautes ; que ces fautes soient des leçons pour nous aujourd'hui. Nous avons brusqué bien des choses ; avec plus de patience, nous pouvons désormais éviter bien des douleurs. Si nous avions entre nous des liens d'affection et de confiance vraiment RELIGIEUSES, jamais rupture ne paraîtrait possible, et dans tout *désaccord* nous aurions une force d'*ensemble*, et une tranquillité *personnelle* qui rétabliraient facilement l'HARMONIE.

Voici la dernière phase encore IRRÉLIGIEUSE de notre vie. Jusqu'ici nous avons cru qu'en face de l'*hérésie*, le PROGRÈS ne pouvait s'accomplir que par la *séparation*; et, en effet, la *séparation* était utile à ceux même qui s'éloignaient et à nous; elle était, en quelque sorte, RELIGIEUSE; mais il doit arriver un moment où les *séparations* cessent d'être RELIGIEUSES; espérons que nous y sommes parvenus; espérons que l'homme qui, par MOI, vous a transmis à tous la vie de SAINT-SIMON, SON MAITRE, espérons que RODRIGUES ne s'éloignera pas de nous.

DIX-HUITIÈME ENSEIGNEMENT

SAMEDI, 18 FÉVRIER 1832. RUE MONSIGNY

Le PÈRE. — MES ENFANTS, vous verrez demain dans le *Globe* la proclamation de RODRIGUES; vous y verrez en même temps une lettre que je vous adresse à TOUS, une circulaire de MICHEL aux ÉGLISES de province, enfin le cinquième *enseigne-ment* que je vous ai fait ici sur les FEMMES. Ainsi ce numéro du *Globe* renfermera toute l'explication de notre vie actuelle. En même temps nous commencerons, par l'insertion de ce cinquième *Enseignement*, notre appel direct et public aux FEMMES; nous ne l'avions pas pu faire encore, et dès ce jour il devient notre œuvre capitale.

Depuis six ans, nous travaillons, HOMMES SEULS, à la propagation de la foi SAINT-SIMONIENNE. C'est dire que depuis six ans, le but que nous nous proposions, *instinctivement* ou *consciencieusement*, était d'arriver à une époque où nous pourrions appeler la FEMME à S'ASSOCIER avec NOUS, car la réalisation de l'avenir SAINT-SIMONIEN consiste dans l'UNION RELIGIEUSE, POLITIQUE et MORALE de l'HOMME ET de la FEMME.

Pour que cet *appel* se fît d'une manière puissante, *DIEU* a voulu qu'il fût *unitaire*, aussi pouvez-vous tous aujourd'hui prononcer, comme une seule voix, l'*appel* à la FEMME tel que je l'ai fait.

Et toutefois, c'est une occasion de vous faire sentir comment, dans l'œuvre immense que nous accomplissons, nos efforts ne sont pas les seuls qui préparent l'avenir. Je peux, et nous pouvons tous aujourd'hui, comprendre l'influence qu'exercent, pour la propagation de notre foi, tous les *dissidents*, depuis l'*hérésiarque* Auguste Comte qui a renié son maitre, son PÈRE, SAINT-SIMON, jusqu'au disciple fidèle de SAINT-SIMON qui renie aujourd'hui son propre *disciple*, et qui manque à l'*avenir* comme Auguste Comte a manqué au *passé*. Nous pouvons les sentir rattachés harmoniquement à notre œuvre, tandis que tous nous injurient et nous repoussent, parce que nous savons quel sera le résultat de leurs travaux, et qu'eux au contraire désespèrent de nous et nous méconnaissent. Cette disposition RELIGIEUSE nous permet de comprendre comment tous ces efforts, en apparence contraires, tendent pourtant au même but, tandis que les *dissidents* nous regardent comme occupés à une œuvre rétrograde.

Dans le sein de notre famille, nous allons avoir deux changements importants ; et d'abord vous devez sentir maintenant pourquoi, depuis la séparation de Bazard, je n'ai pas pu et je n'ai pas dû réunir le COLLÉGE. Je me suis ainsi privé de l'inspiration que j'aurais pu puiser dans des réunions de ceux de mes FILS qui ont le plus de puissance ; mais je ne voulais pas, alors que la famille était encore tout émue de notre dernière crise, fournir des occasions inévitables de luttes, en réunissant un COLLÉGE où la première question agitée aurait été celle-ci : comment l'appel des FEMMES peut-il être fait, dans l'état de désharmonie où le PÈRE RODRIGUES est par rapport au PÈRE? J'ai cru devoir apporter ce témoignage de patience à l'égard de RODRIGUES, afin d'ôter le prétexte au moyen duquel on combattra si souvent les idées que nous présentons sur l'avenir MORAL de l'humanité. Ce prétexte consiste à nous accuser de *précipitation*, et de provocations intempestives à des débats dont la nature délicate peut entraîner de graves désordres. J'ai voulu qu'on ne pût accuser justement ni MOI ni VOUS, d'avoir mis une rapidité exagérée à soulever ces débats, et à propager ces idées. Ainsi ma patience a été cause que c'est BAZARD lui-même qui a , le premier, donné de la *publicité* à mes idées, et je m'en félicite malgré l'entourage qu'il leur a donné.

J'avais déjà montré précédemment , lorsque BAZARD et RODRIGUES étaient unis dans l'intention de m'empêcher d'émettre les *théories* MORALES, que je savais attendre. Alors nous avons discuté pendant huit mois au moins, d'abord entre nous trois, puis dans l'intimité du petit conseil où nous avions appelé MARGERIN et CLAIRE, ensuite nous avons reporté cette discussion dans le COLLÉGE, où nous l'avons même laissé traîner pendant quatre ou cinq mois encore. Je le répète, je sais attendre, car ces huit derniers jours ont été d'un poids bien lourd pour MOI, et je puis dire même que, depuis novembre, je supporte une charge douloureuse à mon cœur; pourtant j'ai patience, j'ai attendu que RODRIGUES déclarât lui-même qu'il nous abandonnait.

Aujourd'hui, MES ENFANTS, portons les yeux vers l'avenir. Nous voilà lancés!

Nous aurons des réunions du COLLÉGE deux fois par semaine, et dans ces réunions quelques-uns d'entre vous vont être appelés. Déjà, lorsque nous avons fait une première modification dans la HIÉRARCHIE, après la retraite de BAZARD, j'avais réuni autour de RODRIGUES un état-major de sa fonction *financière* et *industrielle*. Je l'avais composé de FLACHAT, *Péreire*, *Henri* et *Holstein*. Aujourd'hui je désire avoir, dans ces réunions plus intimes du COLLÉGE, où nous nous occuperons surtout des intérêts généraux de la FAMILLE, outre les fils que je viens de nommer, *Simon*, *Ollivier*, *Rigaud*, *Bruneau* et *Jallat*.

Cette circonstance nous offre le moyen de faire

bien sentir la différence qui distingue la phase actuelle des phases précédentes.

Le COLLÉGE, tel qu'il était formé à l'époque où vivait EUGÈNE, et pendant le temps où nous avons produit les deux volumes *d'exposition*, devait avoir une physionomie toute différente de celle qu'il présentera maintenant. Ce qu'il nous faut avant tout aujourd'hui, c'est une FOI inébranlable, une *solidité* à toute épreuve, un *dévouement* entier, un AMOUR *aveugle* (j'emploie exprès le mot). Voilà ce que j'attends des FILS que je rapproche le plus de MOI.

J'ai dit un amour *aveugle*, parce que j'ai fait assez pour que, dans la situation délicate où nous sommes, mes ENFANTS aient une foi entière en MOI, car ceux qui ne l'auraient pas ne seraient pas en position de donner au monde l'enseignement vivant que nous devons surtout lui donner aujourd'hui. J'ai dit un amour *aveugle*, parce que vous savez bien maintenant ce que j'aime, ce que je veux, et aussi ce que je peux. J'ai dit un amour *aveugle*, parce que je ne veux plus de *scission*, d'*hérésie*, de *séparation*, parce que je veux une FAMILLE, parce que je veux un APOSTOLAT.

Il est parmi vous un homme qui seul, après MOI, a vraiment un NOM dans le monde; c'est

MICHEL. Son NOM, il l'a bien gagné. Certes plusieurs de VOS PÈRES ont marqué par leurs travaux, mais MICHEL, entre tous, a pris à l'égard du monde une position exceptionnelle.

MICHEL vous a dit ici un jour que dans ses rêves, l'homme avec lequel il se mettait le plus facilement en communion était celui qui, toute sa vie, fut auprès de NAPOLÉON son *chef d'état-major*. C'est là, en effet, la position que désormais MICHEL occupera près de MOI.

Je transmets à MICHEL la procuration qui avait été donnée par vous à RODRIGUES ; et je le charge de l'*administration* de la FAMILLE ; Pércire l'aidera. Il s'occupera aussi de nos *relations politiques extérieures*, et conservera toujours la direction du *Globe*.

Mais je compte moi-même m'occuper plus particulièrement du *Globe*, dans les premiers temps de notre *appel* aux FEMMES, et le délivrer ainsi, en grande partie, des soins de la rédaction.

MES ENFANTS, vous m'avez tous donné, dans cette circonstance, un nouveau témoignage d'amour et de foi ; je vous en rends grâces. Tous vous avez ressenti la douleur que j'éprouvais ; nous n'en aurons plus de semblables.

Vous verrez demain, dans cette lettre que je

vous adresse à TOUS, une explication de la position dans laquelle je me trouve à l'égard de RODRIGUES et de BAZARD. Là est un enseignement puissant, et vous verrez combien est grand le caractère providentiel de cette MORALITÉ VIVANTE que DIEU a mise en nous, et où nous trouvons la justification de nos prévisions d'*avenir* et de notre science du *passé*. Vous verrez dans ces deux grands noms, RODRIGUES et BAZARD, le JUIF et le CHRÉTIEN, et autour d'eux tout l'appareil des difficultés que nous rencontrerons dans la conversion du monde. Comme je le dis dans cette lettre, cette TRINITÉ VIVANTE est l'analyse de la vie mâle de SAINT-SIMON, qui s'est déroulée comme ses propres travaux, comme l'humanité s'est développée, et comme elle se développera encore.

Le PÈRE *suspend un instant sa parole, puis il reprend :*

Les figures sont bien bonnes aujourd'hui.

TALABOT *demande la parole et dit d'une voix émue :*

PÈRE, au moment où vous nous annoncez l'élévation de quelques-uns de vos fils, et entre autres de MICHEL, au moment surtout où la FAMILLE vient de recevoir une secousse violente, j'ai besoin de donner à vos *enfants* un exemple de

MORALITÉ; c'est vous qui me l'avez inspiré... je suis ému... MICHEL est mon camarade d'enfance; j'ai grandi avec lui, auprès de lui, et presque toujours par lui, sans qu'il y ait eût jusqu'ici entre nous l'intimité, et l'effusion que, pour ma part, j'ai vivement désirée depuis la dernière crise, parce que je l'ai senti côte à côte, solide et inébranlable, lorsque le sol tremblait autour de nous.

MICHEL! tu n'es plus mon FRÈRE! Il y a déjà longtemps que tu ne l'étais plus; je ne l'avais pas bien senti, maintenant je le sens, et je te le dis avec amour.

Je le dis devant tous, afin que tous soient édifiés par mon exemple, et que tous apprennent à aimer MICHEL comme il doit être aimé, car il est notre PÈRE à tous.

MICHEL! la reconnaissance de ta supériorité n'est pas pour moi un sentiment vague et incertain; c'est, je pourrais le dire, un amour aveugle auquel tu as fait l'opération de la cataracte; pendant six mois j'avais les yeux fermés, mais le rôle que tu as rempli dans ces derniers temps m'a rendu clairvoyant, et ce que vient de dire ce soir notre PÈRE SUPRÊME a éclairé complétement mon cœur.

Michel, je t'aime beaucoup et je veux t'embrasser.

(Michel et Talabot *s'embrassent*. Le PÈRE *embrasse ensuite* Michel, *et ceux de ses fils qu'il a désignés pour assister aux réunions du* COLLÉGE.)

Michel. — Au moment où notre PÈRE SUPRÊME vient de me donner devant vous ce témoignage éclatant de son amour, je dois vous dire l'impression que ce témoignage a produite sur moi, et vous faire connaître aussi comment je m'en suis rendu digne, c'est-à-dire quels ont été les sentiments inspirateurs de ma conduite.

Je vous ai dit ici une fois, à une époque où notre famille était encore toute désorientée, que j'étais un homme du *devoir*, mais un homme du devoir *orgueilleux*. Comme vous l'a rappelé le PÈRE, j'avais pris le type de Berthier. Je ne me sens donc pas gêné pour vous dire que, depuis quelque temps, je pressentais qu'il s'opérait un grand progrès en moi...

(*L'arrivée de* Jallat *interrompt* Michel, *qui dit :*)

Je m'interromprai volontiers pour embrasser *Jallat*.

(*Il l'embrasse*. Jallat, *qui en ignore le motif, paraît surpris*.)

Le PÈRE. — Embrasse-le toujours, c'est de l'amour *aveugle*.

MICHEL. — Depuis quelque temps, et surtout depuis que, dernièrement, j'avais, sous l'inspiration du PÈRE et sous l'influence de ses conceptions RELIGIEUSES, tracé dans le *Globe* notre plan POLITIQUE, je sentais que je serais appelé à jouer un rôle plus élevé parmi vous, que celui que j'avais rempli jusqu'à présent; de telle sorte que je m'attendais, sans savoir comment la chose se passerait, que le progrès MORAL qui s'était accompli en moi se manifesterait par un progrès HIÉRARCHIQUE.

Je n'ai pas besoin de vous dire que le témoignage d'amour que je viens de recevoir du PÈRE redouble encore l'amour que je lui porte. Cet amour est *aveugle*, mais aveugle dans ce sens, comme l'a dit le PÈRE, qu'IL a assez fait pour que, dans quoi qu'il me dise, ma première impression soit que ce qu'il me dit est *bien;* c'est ainsi que j'entends l'amour *aveugle*.

J'ajouterai que si j'ai été mis à même d'être élevé, c'est aussi parce que plusieurs d'entre vous m'ont poussé. Parmi les rédacteurs du *Globe*, il y en a plusieurs à qui je dois en partie le poste que le PÈRE vient de m'assigner.

Maintenant je vais vous dire quels ont été mes

principes de conduite, depuis que j'ai conscience de moi—même, car je dois avouer que je suis resté longtemps dans cet état de confusion où l'on agit par *instinct* beaucoup plus que par *principes*.

Le PÈRE disait souvent, il y a quatre ou cinq mois, que pour être vraiment APÔTRE il fallait juger ses propres actes, en se plaçant à deux cents ans dans l'avenir. Le PÈRE a des aphorismes auxquels il faut faire grande attention. Ainsi encore, il y a à peu près huit mois, il me répétait fréquemment celui-ci : *il faut chercher partout l'élément progressif et le dégager.* En méditant bien sur cet aphorisme POLITIQUE, j'ai fait je ne sais combien d'articles dans le *Globe*, et ce sont ceux qui ont été les meilleurs à cette époque.

Depuis, en méditant bien encore sur cet autre aphorisme MORAL : *il faut que* l'APÔTRE *juge ses actes à deux cents ans de distance,* j'y ai puisé une force incomparablement supérieure à celle que j'avais auparavant.

Vous dire comment cela s'est manifesté dans les détails, me serait impossible ; mais je ne saurais trop vous engager à tirer aussi votre profit de ces paroles, parce qu'alors la MORALITÉ des actes est tout à fait transformée. Alors en effet on est vraiment APÔTRES ; alors on est complétement à l'abri des petites considérations, des mesquines influences; alors en un mot on est *débourgeoisisé*.

Mais il y a une autre cause de mes progrès personnels dont je veux vous rendre compte, parce qu'elle sera peut être une révélation pour plusieurs, et une explication des avis que j'adressais souvent à ceux qui travaillaient au *Globe*. *Cavel* sera sans doute dans ce cas. J'ai souvent dit à *Cavel* qu'il n'était pas assez RELIGIEUX. Pour vous expliquer comment j'entends ce mot, je veux vous dire comment je suis devenu moi-même plus RELIGIEUX.

Il y a deux ans, je connaissais le principe de la *destruction de* l'HÉRÉDITÉ; je le connaissais en *libéral*. Ce principe était conforme à mes sympathies, car j'aimais déjà chaudement le PEUPLE, mais je l'aimais seulement de cette sympathie que comporte le *libéralisme*, c'est-à-dire d'une manière un peu mystique et abstraite. Arrivé au SAINT-SIMONISME, mon amour pour les masses s'élargit, et embrassa non-seulement leur progrès en *instruction* et en *dignité*, mais aussi leur bien-être *matériel* et *positif*, car il s'agissait, vous ai-je dit, de l'*abolition* de l'HÉRÉDITÉ. Cependant je laissais en dehors de mes sympathies tous les partis qui ne sont pas du peuple; loin d'avoir de l'amour pour eux, ils m'inspiraient une haine profonde, et c'est sous l'inspiration de cette haine que j'ai écrit beaucoup d'articles dans le *Globe,* dont je me repentirais aujourd'hui, si je ne sentais pas mon passé indispensable à mon avenir ; mais certainement aujourd'hui je serais loin d'en faire de semblables, car ils étaient anarchiques et belliqueux, et si j'en faisais aujourd'hui dans le même sens, je suis d'ailleurs bien certain que le procureur du roi ne les laisserait plus passer aussi facilement devant l'arsenal de ses réquisitoires.

J'en étais là, lorsque le PÈRE me dit qu'il fallait chercher partout l'*élément progressif* et le *dégager.* Alors j'ai compris, j'ai senti le parti du *juste-milieu,* aussi ai-je eu beaucoup de querelles avec les *dissidents,* avant notre crise, pour avoir pris la défense de ce parti. Mais à cette époque les *légitimistes* étaient encore restés en dehors de mes sympathies, et même je ne sentais le juste-milieu qu'en le considérant en bloc, car s'il m'avait fallu prendre un à un les *bourgeois,* les *banquiers,* les *députés des centres,* j'aurais indistinctement crié contre tous : anathème ! Mais en masse, ils me présentaient un tout auquel il était impossible de ne pas rendre justice. Ce fut alors que le PÈRE BAZARD se retira.

A cette époque, lorsqu'il s'agissait des différentes nations, en vertu des préjugés *libéraux* et des pré-

jugés *européens*, je ne parlais jamais que de l'oc-
cident ; quant à l'orient, c'était pour moi de la vile
poussière ; ses populations étaient à mes yeux de
misérables brutes, bonnes à recevoir le *knout* russe,
voilà tout ; mais, depuis lors, voici le progrès qui
s'est accompli dans mes sympathies sociales, dans
ma religiosité politique.

Non-seulement je sens beaucoup mieux les diverses fractions du *juste-milieu* et des *légitimistes*
(et je dirai que ce progrès qui est fort important,
s'est particulièrement opéré en moi sous l'influence
du père Rodrigues) ; mais le plus grand progrès
politique qui se soit opéré en moi, c'est que je ne
m'occupe plus exclusivement des peuples occiden-
taux. Dans son second enseignement le père a
dit, et ces mots ont été pour moi une révélation, que
nous avions fait jouer jusqu'ici à l'orient un rôle
tout *passif,* qu'il fallait songer à lui donner une
fonction *active* dans le mouvement humanitaire.
J'ai beaucoup médité cette parole, et j'ai ruminé
dans ma tête un système politique qui ouvrît une
voie aux peuples de l'orient. Ce système est celui
que j'ai ébauché dernièrement, sous le nom de
système méditerranéen.

Enfin le plus grand de tous les progrès religieux qui se soit opéré en moi, parce qu'il em-

brasse la POLITIQUE et la MORALE, c'est d'avoir compris dans mes sympathies les FEMMES, moi qui avais réservé pour l'autre moitié du genre humain ma faculté de dévouement, mes sentiments les plus généreux. Par là je me suis senti un homme vraiment RELIGIEUX, car je puis dire maintenant qu'il n'y a rien de grand et de beau qui soit en dehors de la sphère de mes sentiments.

J'ajoute encore que si ce progrès religieux s'est manifesté en moi d'une manière sensible pour tous, dans la phase actuelle, c'est parce que je n'ai pas cessé d'avoir les yeux sur le PÈRE, et de conformer autant que je l'ai pu ma vie à la sienne.

Le PÈRE ne s'émeut de rien, en ce sens qu'une fois un fait accompli, il ne lui arrive jamais de penser à se cogner la tête contre les murs, et c'est même ce qui fait que des hommes, qui ne jugent pas leurs actes *en se mettant à deux cents ans dans l'avenir*, l'ont accusé d'INSENSIBILITÉ. C'est que ce qui caractérise le SAINT-SIMONIEN, c'est sa foi dans le PROGRÈS, et que, ne croyant au *mal* ABSOLU ni en MORALE ni en POLITIQUE, il voit, dans les événements imprévus, une révélation dont il s'agit de chercher le sens et la valeur, afin de découvrir l'*élément* PROGRESSIF qu'ils renferment. Aussi ai-je considéré les faits imprévus, en POLITIQUE et dans notre vie MORALE, comme des avertissements de la Providence, et c'est encore le PÈRE qui me l'a appris.

Maintenant je dois dire que sous le rapport MORAL, j'ai trouvé particulièrement dans plusieurs de mes FRÈRES des exemples qui m'ont singulièrement édifié, et qui ont puissamment contribué à mes progrès.

TALABOT en particulier est dans ce cas. TALABOT, dans le monde, n'était pas ce qui s'appelle un homme *commode*, il n'a pas la figure d'un *mouton*, il ne se laisse pas marcher sur le pied: il suffit de le regarder pour s'en convaincre *à priori; à posteriori* il faut avoir à faire à lui pour n'en pas douter. Eh bien, j'ai souvent vu en lui une grande transformation; c'est que vraiment il est devenu *doux comme un mouton,* il est devenu ce que dans le monde on nomme un *bon enfant;* la doctrine l'a dépouillé de cette apparence d'homme intraitable qui faisait partie intégrante de son être; et le sentiment *militaire* de fierté qui existait en lui s'est transformé en une noble patience, en une foi RELIGIEUSE que je mets tout à fait au-dessus de ce qui, dans sa vie précédente, tenait pourtant à sa grande sensibilité. Sous ce rapport son exemple m'a été très-profitable.

Le dévouement de d'EICHTHAL m'a encore beaucoup édifié, quelques-uns ont pris d'EICHTHAL
pour un *séide* et l'en ont même accusé souvent; et
pourtant il n'y a personne qui argumente, qui conteste, qui discute plus que lui avec le PÈRE. Par
là même il montre l'énergie du sentiment RELI-
GIEUX qui l'anime, et une foi que j'ai souvent admirée; et je ne l'ai pas admirée stérilement.

Il y a aussi mon cher FRÈRE BOUFFARD que j'ai
admiré pour sa foi RELIGIEUSE, mais aussi sous un
autre rapport. BOUFFARD a moins besoin que
d'EICHTHAL d'avoir un *supérieur;* pour d'EICH-
THAL la fréquentation du *supérieur* est un besoin
urgent, il n'en est pas de même de BOUFFARD.
BOUFFARD est un gentilhomme *féodal* de vieille
race, et c'est pour cela qu'il y a en lui quelque
chose qui n'est pas précisément ce qui caractérise
TALABOT, mais qui y ressemble, et qui est aussi,
dans son genre, un type prononcé. BOUFFARD a une
grande qualité, c'est une foi très-profonde dans la
PROVIDENCE, d'EICHTHAL est RELIGIEUX sous le
rapport de la HIÉRARCHIE; Talabot par la transformation qui s'est opérée dans son caractère et
dans son allure qui, d'intraitable, est devenue *mou-
tonnière*; BOUFFARD par sa foi dans la PROVI-
DENCE; il possède à un haut degré ce sentiment

dont je parlais tout à l'heure, que fait chercher la face *progressive* de chaque événement. Sous ce rapport il m'a souvent servi d'exemple.

Si je voulais citer tous les membres du collége chez qui je trouve quelque chose à prendre, je devrais les nommer tous. Ainsi LAMBERT est un bien *bon enfant*, et sous ce rapport il peut me servir aussi d'exemple, ce n'est pas par là que je brille (*on rit*); j'ai un peu, je le sais, l'allure bureaucratique, et en général les bureaucrates ne sont pas de *bons enfants*, c'est un fait.

BARRAULT, lui, a un sentiment très-profond de la HIÉRARCHIE, mais ce n'est pas le même que celui de d'EICHTHAL, il a son cachet propre, et je cherche aussi à m'approprier ce sentiment.

Je trouve chez FLACHAT qui en *droit* n'était pas du COLLÉGE, mais qui en était de *fait*, une douceur, vertu dominante en lui; je sais que j'ai beaucoup de progrès à faire sous ce rapport, et j'espère les faire avec lui.

Tout ce que je viens de vous dire sur mes FRÈRES est une manière de vous exprimer le sentiment RELIGIEUX que je vous conseille. L'homme RELIGIEUX cherche à vivre dans les autres, et à transporter dans sa propre vie leur vie, par la face qui lui paraît PROGRESSIVE en eux. C'est là une disposition qui n'est pas assez développée parmi nous.

Le PÈRE. — C'est très-vrai.

MICHEL. — Je serais bien aise que la description anatomique que je viens de vous faire de moi, sous ce rapport, vous fît faire un retour sur vous-mêmes et sur les personnes qui vous touchent de plus près, afin que vous puissiez vous initier par le même procédé que moi, au sentiment RELIGIEUX. On n'est vraiment RELIGIEUX *en grand*, qu'à la condition de l'être *en petit;* seulement il faut prendre garde de confondre le sentiment RELIGIEUX *en petit* avec le FÉTICHISME et la *bourgeoisie.*

Voilà ce que je voulais dire.

Le PÈRE. — Ce que vient de vous dire MICHEL sur la nécessité de vous RELIER entre vous est très-vrai, vous êtes RELIGIEUX entre vous, infiniment plus parce que vous vous rattachez tous à MOI, que parce que vous vous sentez LIÉS *les uns aux autres.* Profitez donc de ce que MICHEL vient de dire par rapport à ses FRÈRES ; dégagez l'*élément* PROGRESSIF qui est en chacun de ceux que vous aimez le plus, et cherchez à vous l'approprier. Ne craignez pas ce que le monde pourra vous dire de cette habitude de vous *complimenter.* Nous sommes habitués à voir le monde extérieur se mettre en contact avec nous sous des formes *critiques* beaucoup plus que sous la forme d'*éloge*, ce n'est pas une raison pour faire comme lui. Faisons en sorte que chacun voie dans nos yeux que nous cherchons en lui sa condition de PROGRÈS. C'est un excellent moyen d'éducation pour tous et pour nous-mêmes.

D'Eichthal, je serais bien aise de t'entendre dire quelques mots sur le dévouement *aveugle*.

D'EICHTHAL. — PÈRE, je désirerais parler d'abord de MICHEL. C'est aujourd'hui sa fête, il est bien de parler de lui.

Vous savez que j'étais très-préoccupé de la dernière crise dans laquelle nous venons de nous trouver; je n'en voyais pas la solution, parce que RODRIGUES me paraissait un homme indispensable. Cette pensée me préoccupait jour et nuit. L'une de ces dernières nuits, je ne dormais pas, et j'étais plus que jamais livré à cette inquiétude, lorsque tout à coup la figure de MICHEL m'est apparue; alors je me suis mis à repasser dans mon esprit tout ce qu'il avait fait depuis quelques mois; je me rappelai l'impulsion qu'il avait donnée à la *presse départementale* et à la *presse parisienne*, l'organisation des *correspondances* fondées et mises en activité par lui; enfin les visites qu'il a faites aux premiers *banquiers*, ROTHSCHILD, AGUADO, etc., visites dans lesquelles il a déployé devant moi, au–

près de ces hommes, une puissance vraiment remarquable, dans lesquelles il les a étonnés par son
langage, lorsqu'il leur a parlé de l'importance
POLITIQUE des *banquiers* et des *ingénieurs*, exer-
çant ainsi auprès d'eux un sacerdoce politique.

Tout cela s'est représenté à mon esprit, et MI-
CHEL m'a paru alors destiné à jouer un rôle puissant parmi nous. Je n'ai pourtant pas vu en lui,
comme TALABOT, un PÈRE, je ne pourrais pas me
décider à appeler MICHEL mon PÈRE, mais enfin
nous serons toujours de bons FRÈRES.

Maintenant, PÈRE, je suis content,... et pourtant je dois dire que je suis affligé aussi, car depuis
quelques mois nous avons vu bien des douleurs, et
je ne puis m'empêcher de rendre hommage à ceux
que notre passé a tant fait souffrir, mais maintenant
parlons de notre avenir.

Ma vie jusqu'ici a été d'espérer le jour où nous
sommes, et de sentir que nous y marchions. Je
voyais que nous n'étions que dans des corridors
sombres et dans des vestibules, je voulais en sortir. J'étais comme un enfant qui va auprès de son
père, le pressant d'aller plus vite vers le but qu'il
désire. Chaque fois que je voyais un moyen d'a-
vancer, j'allais trouver le PÈRE, pour lui dire :
allons donc ! marchons, avançons ! C'est là à peu

près tout ce que j'ai fait depuis deux ans; j'ai été un homme très-peu CALME, un homme fort *inquiet*, fort *remuant;* mais je crois que nous voici enfin arrivés où je désirais nous voir.

Maintenant, PÈRE, nous vous avons tout entier! Ce jour est grand. Nous sommes devenus assez RELIGIEUX, NOUS avons assez de foi en VOUS, NOTRE PÈRE, et VOUS en avez assez en NOUS, VOS FILS, pour que nous puissions marcher ENSEMBLE, VOUS SEUL à notre tête. Jusqu'ici vous avez cru avoir besoin pour nous guider de la *houlette pastorale* du PÈRE BAZARD, et de la *verge moïsiaque* du PÈRE RODRIGUES; maintenant VOUS êtes entièrement à NOUS, comme NOUS tout entiers à VOUS, et vous nous direz : PÈRES, *descendez vers vos* FILS; FILS, *remontez vers vos* PÈRES; ce sera là notre vie.

PÈRE, je ne désire plus qu'une chose : j'aimerais à voir derrière vous les portraits du PÈRE RODRIGUES et du PÈRE BAZARD, mais j'aimerais bien mieux que ce fussent leurs personnes; espérons que cela arrivera, et alors nous serons tous contents.

Béranger. — PÈRE, je désirerais dire un mot.

Le PÈRE. — Parle.

Béranger. — Vous savez que lorsque vous nous

avez questionnés il y a quelque temps sur la manière dont nous vous sentions, alors j'avais l'air d'un criminel devant son juge; aujourd'hui, je vous parle le cœur ouvert et la figure épanouie; je vous aime, et d'un amour *aveugle!* C'est-à-dire que je laisse retomber tout à fait le petit coin de voile, que j'avais soulevé pour voir ce qu'il y avait derrière mon amour pour VOUS.

J'ai aussi deux mots à dire relativement au PÈRE MICHEL. Il nous a dit qu'il était *bureaucrate,* il ne vous a pas tout dit. PÈRE MICHEL est très-bon...

Le PÈRE. — Tu as déjà donné un démenti de ce genre à d'EICHTHAL.

Béranger. — Oui, j'aime à dire ici que le PÈRE MICHEL est très-bon, et que je l'aime autant que ma femme et mes enfants. Voilà tout ce que je voulais dire.

MICHEL. — Viens m'embrasser, PROLÉTAIRE!

(MICHEL *et Béranger s'embrassent.*)

BOUFFARD. — Puisque nous sommes en un jour où chacun fait sa PROFESSION DE FOI, j'éprouve le besoin indispensable de vous faire aussi la mienne. Vous aimez tous le PÈRE; eh bien, pendant longtemps je ne l'aimais pas, parce que ses *théories* me répugnaient d'une manière invincible. .

MICHEL a dit tout à l'heure que j'étais féodal;

oui, je l'étais. Autant j'ai eu de peine à me défaire de ma *propriété*, et des préjugés que j'avais reçus de ma naissance, autant j'ai eu de peine à transformer mes idées sur la FEMME, et je dois le dire, ces idées étaient encore tellement empreintes des sentiments qui règnent dans le monde, que la FEMME qui doit s'unir à moi, je l'aurais encore exploitée, j'en aurais fait pour ainsi dire ma propriété. Je ne saurais vous dire combien j'ai eu de peine à transformer mes sentiments à cet égard; aussi, quand je suis parti pour le Midi, il y a deux mois, je n'ai pas embrassé le PÈRE; pendant mon voyage, je ne lui ai pas écrit; enfin, à mon retour, je ne l'ai point encore embrassé; et quand il est venu à moi, je l'ai repoussé en lui disant : « Je ne veux pas vous embrasser ! J'aime la doctrine, mais vous, je ne vous aime pas. »

J'ai passé trois mois dans cet état; je ne saurais exprimer combien j'ai souffert; mes nuits étaient sans sommeil... Mais quand j'ai senti que j'aimais assez l'humanité pour adopter les *théories* sur les FEMMES, quand je me suis décidé à conduire dans le sein de la DOCTRINE CELLE que je dois épouser, alors je me suis senti vraiment RELIGIEUX, et depuis, mon amour pour le PÈRE est revenu et s'est agrandi, et plus je vais plus je sens que je l'aime, d'un amour profond, d'un amour inaltérable, d'un amour *aveugle.*

Bouffard *se jette dans les bras du* PÈRE.

Le PÈRE. — Et toi, Lambert, tu ne dis rien ?

Lambert (*embrassant le* PÈRE). — Voilà tout ce que j'ai à dire.

Le PÈRE. — Demain nous commencerons nos réunions de collége; j'espère qu'elles nous feront tous marcher comme il faut. Nous nous réunirons deux fois par semaine, peut-être plus souvent dans le commencement. La première séance aura lieu demain à trois heures.

D'Eichthal. — PÈRE, je n'ai pas parlé tout à l'heure de l'amour *aveugle,* comme vous me l'aviez demandé; je désirerais dire quelques mots sur ce sujet.

J'ai beaucoup réfléchi sur ce que devaient être, dans notre vie nouvelle, les rapports des fils avec leurs pères. Je vous ai dit souvent, et je l'ai dit devant tous, que je sentais dans l'homme qui est à la tête de l'humanité quelque chose de grand, d'extraordinaire, d'extra-humain. Il a en lui la source des progrès, l'inspiration qu'il tient de DIEU même; et cependant il nous est donné de le désirer meilleur encore; cela ne nous est pas dé-

fendu ; de sorte qu'il y a aujourd'hui un langage
tout nouveau à trouver, par lequel l'*inférieur*,
tout en exprimant sa reconnaissance pour ce que
son PÈRE a fait pour lui, tout en ressentant que
l'imperfection même de son PÈRE a servi à son propre progrès, il y a, dis-je, à trouver un langage par
lequel le FILS pourra témoigner au PÈRE que, *pour
l'avenir*, il désire quelque chose de mieux, et qu'il
veut voir son PÈRE plus grand et meilleur encore,
quelque grand et bon qu'il soit déjà.

Je crois que le FILS aura quelquefois besoin de
tenir au PÈRE un pareil langage ; et quand il ma-
nifestera ainsi son amour à son PÈRE, il sera animé
d'une foi *aveugle*, en ce sens qu'il est sûr à l'avance
que son PÈRE saura découvrir ce que renferment
de *progressif* ses tendres observations. Ce langage
est à trouver ; je n'ai pas été assez heureux jusqu'ici
pour le découvrir ; je vous ai quelquefois, PÈRE,
causé de la peine, en essayant de vous le faire entendre, parce que j'en ignorais les formes ; mais
voilà, je pense, ce que vos fils doivent sentir aujourd'hui : c'est que la foi *aveugle* dans le CHEF
SUPRÊME est ce qu'il y a de plus favorable, en
ce moment surtout, au développement de leur *liberté*, car notre foi en VOUS consiste, sous un certain rapport, en ce que nous croyons que nul autre

homme n'est aussi capable que vous de sentir ce que nous possédons et ce qui nous manque, c'est-à-dire ce qui constitue notre *individualité*, notre *personnalité*.

Henry. — Ce que vous avez dit, PÈRE, sur l'amour *aveugle*, m'a rappelé que moi-même j'avais provoqué ce progrès HIÉRARCHIQUE. Les *lettres* d'EUGÈNE, poésie toute nouvelle, quant à la *réhabilitation de la* CHAIR, m'attirèrent au sein de la DOCTRINE ; mais je ne trouvai pas que cette poésie fût sentie par la plupart des hommes qui y étaient, excepté par VOUS en qui ce sentiment me parut encore plus prononcé qu'il ne l'était dans les lettres d'EUGÈNE. Il en résulta que j'eus souvent besoin de puiser en VOUS tout le sentiment RELIGIEUX qui m'était nécessaire pour ma conduite. Cette habitude d'aller puiser en VOUS ma RELIGION, finit par devenir ma vie, de sorte que personne, je crois, n'a pu trouver en moi un sentiment contraire à celui de la HIÉRARCHIE. Dans ces derniers temps cependant, lorsque éclata la crise dont nous sortons à peine, je commençai à sentir vivement que l'obscurité que j'avais d'abord trouvée dans la doctrine venait de mon impatience de poésie, et de son absence dans quelques hommes. Et, en effet, cette obscurité disparut dès qu'il fut question hautement de *réhabiliter la* CHAIR et de reconstituer la HIÉRARCHIE.

Depuis lors, il me semblait pourtant encore que quelques hommes ne sentaient pas la foi nouvelle ; il y en avait même dans lesquels je n'apercevais aucune parcelle de ma vie, et je dois ici le confesser, BOUFFARD est le seul dont je me souvienne en ce moment avec lequel j'aie cherché un LIEN que je ne trouvais pas. Je m'explique maintenant ce fait, c'est que BOUFFARD ne prenant pas en VOUS son centre religieux, comme moi, il m'a été difficile d'établir un lien qui me rattachât à lui. L'explication qu'il vient de donner m'a attiré vers lui, et je crois maintenant en lui ; j'aime à le déclarer à la face de tous.

(HENRY *et* BOUFFARD *s'embrassent.*)

Le PÈRE. — D'EICHTHAL a exprimé un sentiment que je m'attendais à entendre sortir de sa bouche, mais qui exige quelques développements.

Il est utile de bien comprendre cette face de la foi *aveugle* dans celui auquel il est facile d'exposer les vœux que l'on forme sur les progrès qu'on désire lui voir faire. En général, le sentiment qui fait qu'on écoute de semblables désirs et qu'on en profite, est, dans le monde actuel surtout, un signe de haute capacité MORALE, de puissance RELI-

GIEUSE, c'est aussi la preuve de la puissance DIREC-
TRICE sur les autres, de la capacité POLITIQUE.
L'homme qui sait le mieux apprécier la valeur
des êtres qu'il inspire, auxquels il donne la vie, est
aussi celui qui sait le mieux écouter leurs *observations*, leurs *réclamations*, leur PRIÈRE; ce dernier mot, d'EICHTHAL ne l'a pas dit, mais il est
l'expression de sa pensée; c'est le mot propre ici,
et c'est un grand mot.

La PRIÈRE a pour but de demander au *supérieur*
soit de faire directement quelque chose pour l'*inférieur*, soit de se modifier lui-même, en quelque
chose qui sera utile un jour à tous.

L'observation de d'EICHTHAL est donc très bonne,
et nous aurons à revenir sur le nouveau caractère
de la PRIÈRE, c'est une large et belle question;
mais ce n'est pas là précisément ce que j'avais
voulu dire, lorsque j'avais parlé de la foi *aveugle*.
J'ai voulu principalement, dans ce moment où nous
souffrons encore tous, d'un nouveau déchirement
qui vient d'avoir lieu au sommet de la HIÉRARCHIE,
vous rappeler qu'avant toutes choses il y a UN SEUL
DIEU, UNE SEULE FOI, UN SEUL CHEF. C'est sous
ce rapport surtout que je me suis servi de cette
expression : foi *aveugle*.

J'ai voulu vous faire sentir, en ce moment où

les liens de l'autorité secondaire ont été violemment secoués et se resserrent à peine, qu'on pouvait et qu'on devait pourtant avoir une foi *aveugle* en celui qui avait écrit la lettre sur le CALME, en lui SEUL, de même que c'était en SAINT-SIMON SEUL qu'on pouvait croire, de son vivant, que la volonté de *DIEU* était spécialement incarnée; car il est important que vous sentiez nettement ce qui distingue l'obéissance des *fils* pour les PÈRES, dans tous les rangs de la HIÉRARCHIE qui peuvent faire remonter leur PRIÈRE jusqu'à MOI, de celle que vous témoignez au CHEF de TOUS à VOTRE PÈRE SUPRÊME. C'est sur cette foi mystérieuse de l'initiation à la vie, religieuse initiation, sans cesse donnée par UN initiateur, que toute foi POLITIQUE, c'est-à-dire toute RELIGION HUMAINE, est fondée; c'est elle surtout qui distingue le POLITIQUE *philanthrope* du POLITIQUE RELIGIEUX.

D'EICHTHAL a fait ressortir tout à l'heure une des qualités que doit avoir le CHEF, qualité qui consiste à savoir entendre aussi bien la PRIÈRE que l'ACTION DE GRACES; mais ces deux formes de la vie sociale sont subordonnées à l'idée que j'avais émise sur la FOI dans le CHEF SUPRÊME; on ne PRIE et on ne REMERCIE que là où existe le sentiment dont je parle.

D'Eichthal, je serais bien aise que toi qui as si souvent l'occasion de ME communiquer TA pensée, toi qui es en général plus porté à ME provoquer par TES désirs qu'à être entraîné par les MIENS, toi qui par conséquent es un exemple frappant de la *critique* SAINTE que l'*inférieur* peut faire du *supérieur*, je voudrais, dis-je, que tu exprimasses plus clairement quel est le sentiment qui te pousse à faire cette *critique* de mes actes, et à me poursuivre de tes demandes. Est-ce parce que tu vois en MOI l'homme chargé des destinées de TOUS, le chaînon qui porte pour nom SAINT-SIMON dans la chaîne éternelle de la vie humaine? Est-ce parce que *DIEU* qui se manifeste en TOUS, te paraît en toi (homme, être fini), se manifester d'une manière UNIQUE en MOI, que tu trouves en toi la force et la persévérance pour ME persécuter, me harceler, me fatiguer même quelquefois de tes désirs d'amélioration pour le sort de la FAMILLE, de TOUS, de l'HUMANITÉ, du MONDE? Car enfin il faut qu'il y ait en toi une foi bien absolue, bien *aveugle* en moi, pour que, si souvent, malgré mes refus antérieurs, tu reviennes si opiniâtrément à la charge, exécutant toutefois avec le même zèle ce que je te commande, quoique tu n'en comprennes pas toujours immédiatement le motif, comme si tu étais certain que tu le comprendras plus tard. Rien ne te paraît donc *douteux* dans cette vie saint-simonienne dont TU fais partie et dont JE suis l'âme.

D'EICHTHAL. — Je ne saurais expliquer cela, parce que c'est plutôt chez moi instinctif. Je crois en *DIEU*, je crois en SAINT-SIMON et je crois que SAINT-SIMON est en VOUS.

Le PÈRE. — Tu l'as dit. Je ne te demandais pas autre chose.

Mais comme tu es un exemple très-précieux de la *persécution* SAINTE que le *supérieur* éprouve de la part de l'*inférieur*, j'ai désiré que l'on sentît par toi-même la différence qui existe entre l'*opposition* RELIGIEUSE de notre petit monde et l'opposition aigre, hostile, défiante, que le POUVOIR rencontre dans le grand monde. Là on peut bien, parfois, faire à un homme que l'on considère comme bien au-dessus de soi, des observations respectueuses; on peut lui adresser la PRIÈRE du disciple qui veut s'éclairer, qui réclame modestement des conseils, et qui obéit même facilement aux prescriptions de son maître; mais combien est étroit le champ où s'exerce cette obéissance, si on le compare à celui où s'exerce la vôtre! Là elle prend tout au plus une portion très-faible de la vie, ici nous l'embrassons tout entière.

J'appuie sur ce sujet parce qu'il est de nature à vous faire comprendre pourquoi nous avons dû être délaissés par des hommes tels que Leroux, Reynaud, Jules, Transon, Carnot, enfin par tous ceux qui nous ont quittés à l'époque de la séparation de Bazard. Ces hommes n'ont jamais senti QUI JE SUIS.

Tous sont susceptibles du plus généreux dévouement pour des *principes*, pour des *idées* qu'ils aiment, et auxquelles ils croient aveuglément; mais ils auraient honte de confesser le même amour pour des HOMMES, comme si *DIEU* n'*incarnait* pas son VERBE, comme s'il ne révélait pas *SA* volonté sur l'HOMME par l'HOMME même.

Mais aussi aucun d'eux n'a jamais été RELIGIEUX; ce qui le prouve, c'est qu'ils ne proclament plus aujourd'hui leur FOI, et qu'ils ne parlent plus de leur *DIEU;* ce qui le prouve encore, c'est qu'ils ne sont RELIÉS ni avec nous, ni même entre eux; ils sont SEULS, *séparés*, *divisés*, sans autre RELIGION qu'eux-mêmes, sans autre HIÉRARCHIE que les caprices de leur ANARCHIE.

J'ai dit que notre ancien COLLÉGE avait un autre caractère que celui qu'il a aujourd'hui. En effet, il avait une haute valeur *scientifique*, et l'aspect d'une puissance *intellectuelle* formidable. Aussi beaucoup diront, en nous voyant aujourd'hui, que nous rétrogradons. Cela serait vrai si *DIEU* mesurait au même mètre les hommes qu'il charge, dans des temps différents, d'annoncer sa volonté sous des formes toujours diverses. D'ailleurs plus nous irons et plus nous verrons la différence qui existe entre un homme RELIGIEUX et le plus grand *savant* ou le meilleur *philanthrope,* qui ne serait pas RELIGIEUX.

Lorsque l'humanité se transforme par et pour une RELIGION nouvelle, des hommes qui, jusque-là, avaient joué un rôle obscur, se lèvent et brillent; et d'un autre côté des astres de l'ancien monde s'éclipsent, s'effacent, tombent. Ce double phénomène se reproduit encore parmi les hommes mêmes qui, les premiers, s'éclairent de la lumière nouvelle et la répandent; plusieurs s'étant déjà longuement développés dans le sein de la vie ancienne, viennent donner le reste de leur énergie aux premiers mouvements de la vie nouvelle, et là ils s'épuisent rapidement, et sont remplacés par les nouveau-nés, par les fils qu'eux-mêmes ont engendrés. C'est ainsi que quelques puissants travailleurs ont déposé leurs pierres dans les fondations que creusa SAINT-SIMON, puis ont aban-

donné l'architecte; de même bien des hommes
qui nous avaient vigoureusement aidés à bâtir sur
ces fondations de notre MAITRE, nous ont quittés et
nous renient aussi.

Ce phénomène que je signale dans la vie *huma-*
nitaire est le même que celui qui, dans la vie
individuelle, se nomme la *vieillesse;* et, lorsqu'à
l'époque de la séparation de BAZARD, alors que
j'espérais lui voir prendre au milieu de nous une
retraite, sainte et respectée, je me suis servi de ce
mot de *vieillesse*, et que j'ai parlé de *cheveux*
blanchis, ceux-là ont bien mal compris ma pensée
qui ont vu dans mes paroles quelque chose d'inju-
rieux, et un signe de mépris et d'ingratitude.

Le temps approche où les hommes du *passé*,
devancés par ceux de l'*avenir*, pourront se réjouir,
entourés de respects, d'avoir été dépassés; le jour
approche où la *vieillesse* ne sera plus l'objet des
risées de l'*enfance*, où les hommes du *vieil âge* ne
seront plus, comme l'a si bien dit BALLANCHE, les
victimes ni même les *martyrs* des hommes *nou-*
veaux.

Alors naîtra ce sentiment si RELIGIEUX qui pré-
sidera à la glorieuse distribution des *retraites*, qui
pèsera dans une balance d'honneur les services
rendus, qui comptera les jours bien remplis; tandis

que dans une époque de transition, dans une société anarchique, ne plus réclamer d'un homme
que les conseils de son *expérience*, c'est presque
lui dire une injure ; reconnaître que sa vie active
a été bien remplie, c'est pour ainsi dire le déclarer
en *enfance*; ainsi un jour qui devrait être un jour
de glorification et de joie n'est plus qu'un jour de
deuil.

Mes enfants, celui-ci en est encore un pour
nous.

D'Eichtiral disait tout à l'heure que nous étions
arrivés au jour qu'il attendait avec impatience,
celui où je n'aurais plus besoin de la *houlette pastorale* de Bazard et de la *verge juive* de Rodrigues, pour vous conduire. C'était exprimer ce que
je viens de dire, c'était dire que Bazard et Rodrigues ont accompli leur mission providentielle dans
la vie active des apôtres de *DIEU*; mais au lieu
de délaisser cette *verge* et cette *houlette*, au lieu de
les briser et de les jeter dans la boue, d'Eichthal
vous a dit aussi qu'il désirerait les voir suspendues
derrière moi, au-dessus de ma tête, et il ajoutait encore qu'il aimerait mieux voir près de moi ces deux
hommes qui, avec moi, vous ont donné votre vie.

Je vous le dis, ce jour est un jour de deuil ; mais
le jour de la grande réconciliation viendra, et ce

sera celui où apparaîtra la FEMME ; toutefois il est bien douloureux de voir des hommes qui ont tant contribué au progrès de notre foi, se séparer de nous, et nous combattre avec une hostilité dont ils doivent cruellement souffrir.

MICHEL vous a dit que lorsqu'un événement était accompli, je ne m'abandonnais pas au désespoir. Cela est vrai, mais il y aura toujours quelque chose que l'on appellera du nom que je prononçais tout à l'heure : le *deuil*. La vie d'APÔTRE le comporte peu, cependant il faut s'y préparer. Sans deuil bien des méditations, bien des leçons seraient perdues ; sans *deuil* bien des souvenirs ne resteraient pas gravés ; sans *deuil* pas de RECONNAISSANCE.

Demain nous commencerons une vie nouvelle ; les fanfares sonneront et le *deuil* finira.

Ces enseignements ont été mis au net et copiés d'après les sténographies de Lalouette en seize jours pendant mon dernier mois de prison à Sainte-Pélagie, depuis le 15 juillet jusqu'au 1er août 1833.

P. ENFANTIN.

LES

MÉMOIRES D'UN INDUSTRIEL

DE L'AN 2240

LES
MÉMOIRES D'UN INDUSTRIEL

DE L'AN 2240

LETTRE D'ENFANTIN A M. *** [1].

Paris, 28 mai 1838.

Mon cher Monsieur,

En écrivant ces mémoires, j'ai eu pour but d'indiquer les transformations subies par l'espèce humaine depuis l'ère de Saint-Simon ; de les faire sentir soit par le tableau de quelques institutions, soit par la nouvelle acception donnée à ces mots, dont l'ancienne signification était aussi une déduction rigoureuse de l'idée générale des anciennes doctrines. Mais le cadre spécial dans lequel je m'étais renfermé me forçait à effleurer ou même à négliger entièrement certaines parties de l'avenir des sociétés, non parce que l'industriel resterait étranger aux idées, aux sentiments que ces parties ren-

---

1. Cette lettre a dû être adressée à Resseguier.

ferment, mais parce que ces idées et ces sentiments ne pouvant pas être présentés dans ce tableau sous un jour assez large, porteraient une ombre nuisible à l'effet que je me proposais de produire, et surtout parce que, séparés des éléments spécialement nécessaires à leur complète exposition, ils pourraient eux-mêmes ne pas paraître tels qu'ils seront.

De même, si je m'étais placé au point de vue scientifique, l'organisation du corps enseignant, surtout celle du corps perfectionnant, n'aurait exigé aucun développement sur la constitution et sur la combinaison des efforts industriels; le savant que j'aurais mis en scène n'aurait considéré l'industrie que comme un des moyens d'appliquer la science.

De même, si j'avais voulu exposer les grands problèmes sur lesquels l'espèce humaine, *fatiguée du doute rationnel,* est conduite à la *foi* par ses désirs et par ses espérances, l'industrie et la science ne se seraient présentées que *secondairement* et comme des moyens de remplir une partie de la mission confiée à l'homme sur cette terre; l'autre partie, celle où tout est amour, dévouement, inspiration, aurait occupé toute la scène.

C'est seulement des rapprochements de ces trois tableaux que peut naître une *idée positive* et complète de la LOI du développement de l'espèce hu-

maine ou une *conviction sentimentale* profonde de
la beauté du plan voulu par la Providence. Ces deux
manières d'envisager les tableaux donnent lieu soit
à l'*exposition scientifique* du MÉCANISME régulier
auquel sont soumis les phénomènes humains, soit
à la *conception poétique* de L'INTELLIGENCE SU-
PRÊME qui a donné la VIE à l'univers. La première
est la base de la constitution politique, l'autre du
dogme religieux considéré comme sanction de la
morale.

Ces mémoires ne doivent offrir que la personni-
fication de l'une des grandes abstractions sur lesquelles on peut étudier l'espèce humaine dans son
développement ; ils ne présentent donc pas une
idée complète de l'avenir, ils ne sont que l'expression un peu plus animée du travail spécial fait par
Péreire sur la propriété.

Il est bon d'ajouter, à propos de ce dernier travail, que si je n'ai pas parlé de l'*héritage*, c'est précisément pour faire sentir qu'il doit être compris
indépendamment des idées que ce mot rappelle. En
effet, il ne s'opère pas ici une simple transformation
d'idées, et il ne s'agit pas de la nouvelle solution
d'un problème qui n'est plus à résoudre ; car la
transmission de la propriété par droit de naissance ou à tout autre titre que par le travail, de

même que l'exploitation de l'homme par l'homme disparaissant complétement dans l'avenir, la nouvelle *constitution de la propriété*, c'est la répartition des instruments du travail suivant le degré de *capacité* industrielle ; la nouvelle *combinaison des efforts*, c'est l'*association* [1].

P. ENFANTIN.

[1]. En m'étendant davantage dans ce travail, le point sur lequel j'aurais dû donner des développements qui manquent peut-être ici, et qui est cependant d'une grande importance, est celui-ci : *Quels sont les rapports des directeurs de travaux avec les ouvriers ?* Mais quoiqu'il puisse être assez facile de donner quelques idées générales sur ces relations, quant à la répartition du produit du travail entre le chef et le travailleur, ces idées ne paraîtraient nues si elles n'étaient pas accompagnées des éléments moraux sans lesquels elles ne se présentent jamais dans la réalité sociale. Le salon des Laffittes de l'avenir, au lieu d'être peuplé de militaires et d'oisifs, sera la réunion habituelle des travailleurs, et j'entends ici par le mot salon, non pas les petits appartements de l'intimité qui n'est jamais soumise aux conditions de la hiérarchie sociale, mais la table de cinquante couverts, la salle de bal, les jardins, où se réjouissent ou plutôt cherchent à se desennuyer es oisifs de nos grandes villes, et qui doivent servir un jour aux plaisirs des travailleurs. Pour qu'une pareille révolution se fasse dans les mœurs, il faut, sans doute, que la répartition des jouissances matérielles entre les dirigeants et les dirigés soit bien perfectionnée, mais la réciproque est également vraie ; il faut vigoureusement agir sur les sentiments pour que la condition matérielle de l'ouvrier s'améliore. Au reste, tout ceci sera repris sous une autre forme, dans le travail dont je vais bientôt pouvoir m'occuper, et qui aura pour but de donner une idée de l'avenir sentimental des sociétés.

MÉMOIRES D'UN INDUSTRIEL

DE L'AN 2240

Voici des mémoires sur ma vie ; je les écris peu de temps avant ma mort, qui arrivera l'an 2240, vieux style (c'est l'année consacrée). Je ne les dédie pas à mes enfants, mais à mes aïeux, et surtout à ceux d'entre eux qui assistaient à la naissance de l'ère nouvelle et qui préparaient par leurs travaux l'avenir dont nous jouissons.

Je suis né à Lyon, mon père était *maître tisseur* dans la corporation des soieries. Entouré des soins maternels et de l'amour de mon père, ma reconnaissance et mon affection filiales furent d'abord les seuls sentiments tendres que j'éprouvai. Ma constitution physique se développait rapidement ; les jeux de mon enfance étaient tous combinés pour la renforcer, et sous ce rapport les conseils des médecins de la corporation dirigeaient la sollicitude paternelle.

J'avais huit ans lorsque mon père reçut du recteur de l'académie mon billet d'admission à l'école

primaire ; déjà de nouve   sentiments commençaient à se développer en m   ens de la famille
n'attachaient plus exclusivemen   œur, et les
travaux du tisserand n'étaient plus les seuls qui
frappaient mes yeux ; je m'élançais au delà du
foyer domestique, je cherchais de nouvelles choses
à aimer, à connaître, et j'imitais dans mes jeux
d'autres *actes* que ceux qui faisaient l'occupation
constante de mon père.

J'ai passé rapidement sur ces premières années,
non-seulement parce que des sentiments semblables à ceux de mon jeune âge viendront plus tard
s'offrir à moi sous une nouvelle forme, lorsque,
chef de famille à mon tour, je retrouverai ce
genre d'amour déposé par mes parents dans mon
cœur, mais encore parce que d'autres que moi
doivent seuls traiter tout ce qui concerne l'éducation, dès la plus tendre enfance.

Je m'arrêterai cependant un peu plus sur mon
séjour à l'école primaire : là j'ai puisé tous les éléments de ma conduite pour le reste de ma vie.

Mon entrée à cette école fit en moi une rapide
révolution ; le contact avec des enfants de mon âge,
fils de parents occupés de travaux tout différents
de ceux que j'avais vu faire chez mon père, éten-
dit le cercle par lequel jusqu'alors ma vue avait été

bornée, et me fit sentir la vérité de ce que me disaient mes maîtres sur cette grande famille à laquelle j'appartenais. Je voulais connaître et j'aimais cette grande famille parce qu'on me la dépeignait sous des formes qui me rappelaient mon amour pour mon père, pour ma tendre mère. J'y voyais ces pères de la patrie, ces industriels qui la nourrissent de leurs sueurs ; mon cœur volait aussi au-devant de ces hommes, qui pleins d'un amour vraiment *maternel,* souffrent avec l'humanité, chantent ses joies, sympathisent avec elle dans tous ses moments ; j'admirais enfin ceux qui, semblables encore à mes parents, guident le faible dans sa marche incertaine, lui signalent les dangers, l'éclairent sur les ressources de sa position, et lui apprennent en un mot, à connaître les phénomènes qui l'entourent.

Ainsi mon éducation morale se formait ; les devoirs que j'aurais un jour à remplir se gravaient également dans mon esprit et dans mon cœur, et déjà nous préludions dans nos jeux aux fonctions pour lesquelles nous nous sentions particulièrement destinés. Cette grande réunion d'enfants, de goûts et d'habitudes différents, présentait un spectacle remarquable. Nous apportions tous en entrant à l'école primaire des dispositions particulières ré-

sultant de la vue des travaux journaliers de nos
parents; en général chacun de nous conservait ces
dispositions et leur donnait même plus d'intensité,
en s'occupant avec plus d'ardeur, dans les leçons
de ses maîtres, des objets qui avaient quelque analogie avec ces premières données de son intelligence.
Toutefois les exemples d'un abandon complet de
ces habitudes n'étaient pas fort rares, et ce n'était
qu'après plusieurs années de séjour à l'école qu'il
était possible de distinguer avec assez de certitude
les aptitudes d'après lesquelles notre position sociale serait un jour déterminée. Telle était l'occupation particulière des membres du collége universitaire, lorsqu'ils procédaient aux examens des
élèves qui avaient accompli leur éducation primaire.
Aidés des avis que leur fournissaient nos maîtres
et nos parents sur le caractère de chacun de nous,
sur nos travaux, sur nos goûts, ils dirigeaient leurs
interrogatoires de manière à démêler, non pas précisément le degré de nos capacités rationnelles,
morales ou industrielles, mais la prédominance de
l'une d'elles sur les deux autres; et les êtres privilégiés chez lesquel ils remarquaient des capacités développées presque également et à un haut
degré formaient une première série, qui seule était
appelée à l'école générale; trois autres séries allaient

remplir les écoles spéciales de l'industrie, des sciences et des beaux-arts. Cette classification n'ayant d'importance bien réelle que pour les prédominances fortement prononcées, le désir des parents sur la destinée de leurs enfants était en général la base sur laquelle on l'établissait; dans le cas au contraire où ce désir était combattu par la décision des examinateurs, cette décision même éclairait les parents sur le véritable intérêt de leur fils, intérêt qu'ils n'avaient aperçu que sentimentalement et sans l'appuyer sur l'observation positive de la disposition réelle de l'enfant, en ne jugeant ses aptitudes que par leurs propres désirs.

Je fus désigné pour entrer à l'école spéciale de l'industrie. Alors mon avenir, ainsi que celui de la société, que je n'avais encore entrevu qu'à grands traits, se dessina plus clairement à mes yeux. Sans doute, j'étais loin de songer à toute l'importance qu'aurait un jour pour moi l'éducation que je recevais de la société et des services que mes connaissances me permettraient un jour de lui rendre; cependant telle était la tendance constante des prédications qui nous étaient faites, prédications qui nous attachaient à nos travaux, qui nous les faisaient aimer, et qui cultivaient les germes de notre éducation primaire. Ainsi, malgré la diversité des occupations industrielles auxquelles nous nous livrions, nous ne perdions jamais de vue le lien qui nous unissait à nos anciens camarades, puisque nous sentions que l'avenir nous unissait dans le monde et que nos efforts combinés constitueraient la vie de cette société que nous chérissions d'avance ; nous savions que leurs travaux n'étaient pas les mêmes que les nôtres, mais nous savions aussi et surtout nous sentions qu'ils tendaient au même but.

Le collége universitaire procédait, à l'école de l'industrie, comme à l'école primaire ; chaque année donnait lieu à des classifications de plus en plus spéciales entre nous, toujours en réservant une série particulière pour les individus les plus généraux ; c'est dans celle-ci que ma place fut marquée ; en effet, j'avais des connaissances théoriques assez précises sur tous les travaux de l'industrie, mais ma vue me portait toujours sur l'ensemble de ces travaux, sur les moyens de faciliter leur combinaison, ou soit en les rapprochant, soit en les divisant, d'après les aptitudes du climat, ou d'après la constitution physique du travailleur même.

Toutes les données théoriques que je possédais, ainsi que mes camarades, exigeaient une première épreuve, un apprentissage ; aussi sortions-nous de

l'école industrielle pour entrer dans les écoles spéciales d'application, ou bien à l'école générale d'application temporelle ou d'*administration publique* ;
c'est vers celle-ci que la classe à laquelle j'appartenais fut dirigée : je ne parlerai donc pas des
écoles spéciales d'application ; il suffit de dire
qu'elles étaient soumises à la direction des banques
spéciales de chaque corporation, sous la haute surveillance de la banque générale de ce collége universitaire, et que les diplômes délivrés aux
élèves leur donnaient droit à l'inscription, sur
les avis de la banque spéciale, d'un crédit corres-
pondant à leur capacité ; c'est-à-dire que la corporation à laquelle ils étaient affiliés leur fournissait
soit l'atelier, soit les instruments de tous genres
nécessaires pour les travaux dont ils étaient jugés
capables, en un mot, leur donnait les moyens
d'exercer l'industrie, de remplir la place qui leur
était assignée dans l'atelier social ; d'ailleurs, dans
le cours de mes fonctions publiques, mes rapports
avec toutes les branches d'industrie spéciale donneront une idée du sort de mes camarades qui n'en-
traient pas comme moi dans la carrière de l'administration.

Connaître les *règlements* d'ordre de la société,
résumer les connaissances acquises sur l'état des

richesses humaines, étudier les rapports industriels des masses entre elles, leurs aptitudes particulières, par localités, tel était l'objet principal de nos travaux; mais nous suivions en outre des cours au moyen desquels des ingénieurs célèbres nous donnaient des connaissances générales de l'état SCIENTIFIQUE actuel, et ces cours avaient surtout pour but de nous faire connaître l'alliance intime de la science et de l'industrie, principalement en ce qui concerne les règles d'*hygiène publique* et les grands travaux d'utilité générale. Notre ENSEIGNEMENT MORAL se continuait également; nos rapports avec l'école de direction spirituelle étaient fréquents. Nous entendions les mêmes prédications, et ces prédications prenaient chaque jour un caractère plus vif et plus direct, parce que l'application en était sous nos yeux et qu'on nous faisait, pour ainsi dire, toucher les joies et les douleurs de l'humanité. En effet, dès ce moment, nous étions *initiés* à l'état présent des affaires publiques, notre place était marquée dans toutes les réunions, près de celle des élèves de l'école des beaux-arts, et de l'école générale des sciences; nous remplissions un rôle actif dans toutes les fêtes et nous portions le deuil des malheurs qui affligeaient la société.

C'est seulement à la fin de cet apprentissage, que

nous étions inscrits sur les registres de la génération active et classés dans la hiérarchie sociale.

J'entrai à la BANQUE GÉNÉRALE et je fus attaché
au comptoir des banques agricoles.

Les attributions de ce comptoir consistaient en
ce

1° *Correspondance avec les banques agricoles
des départements*. Cette correspondance nous
fournissait des rapports annuels sur l'état matériel
de l'agriculture, le règlement des dépenses et
recettes annuelles de l'année écoulée, l'aperçu dé-
taillé des besoins de l'année courante et des prévisions pour l'avenir, qui avaient reçu l'approbation
du conseil des ingénieurs des départements.

2° *Demandes transmises par nous aux banques
spéciales de l'industrie commerciale et de l'industrie manufacturière*, pour le transport et la
confection des objets propres à satisfaire les besoins de l'industrie agricole, besoins que la banque générale, sur l'approbation des ingénieurs,
et d'après ses vues d'administration, avait confir-
mées.

3° *Enfin rapport fait par nous au collége spirituel* sur l'état moral et intellectuel des populations agricoles, sous le point de vue des moyens
matériels que l'on pouvait mettre à la disposition

du gouvernement, pour améliorer dans ces deux directions le sort des travailleurs. Les données de ces rapports nous étaient fournies, d'abord par les renseignements que nous adressaient en ce sens les banques agricoles, ensuite par les notes que le collége spirituel du département y avait jointes sur les besoins moraux et intellectuels des classes pauvres, enfin par le propre rapport de l'inspecteur que la banque générale avait envoyé dans les départements, et qui avait pour mission de s'informer de l'état *général* des masses. Le collége de direction spirituelle prenait au reste presque toujours l'initiative pour cet objet ; nous avions plutôt à examiner ses demandes, pour trouver les moyens matériels d'exécution, qu'à préparer les nôtres pour les lui soumettre.

Des travaux absolument semblables avaient lieu aux comptoirs des manufactures et du commerce ; nos rapports avec ces deux comptoirs étaient fréquents, puisque nous nous passions les uns aux autres les ordres de *mutation* d'instruments d'industrie, en tant qu'ils concernaient nos spécialités.

Il y avait encore deux comptoirs faisant partie de la banque générale ; l'un traitait toutes les affaires relatives à l'éducation dans ses rapports avec l'accroissement des moyens de production industrielle; c'est à ce comptoir qu'étaient réglées toutes les *dépenses publiques* faites par les savants et par les artistes. L'autre s'occupait de tout ce qui était relatif à l'entretien de la portion passive de la population; il renfermait le *grand-livre* sur lequel étaient inscrites les rentes viagères des producteurs retirés, des veuves, des mineurs et des infirmes.

Le conseil supérieur de la Banque de France était composé des chefs de ces divers comptoirs; il s'adjoignait, dans ses délibérations sur les projets qui intéressent l'avenir de la société, quelques délégués du collége spirituel, moins versé lui-même dans la connaissance pratique des procédés de l'industrie, mais dont toutes les facultés étaient tournées vers les combinaisons spéciales que peuvent offrir aux savants les faits politiques envisagés particulièrement au point de vue industriel. Ces *économistes* étaient les véritables théoriciens et en même temps les prophètes de l'industrie, démontrant ou *pressentant* son avenir. Ainsi s'établissait entre la banque générale et le collége spirituel un premier lien qui augmentait puissamment la force de conception industrielle; mais ce lien n'était pas le seul, et les relations fréquentes des directeurs temporels et des directeurs spirituels de la société, chaque fois qu'une décision importante devait être prise, portait au plus haut degré la combinaison des efforts des trois capacités humaines.

C'était sur le même modèle qu'étaient constituées les supériorités sociales dans chaque département, dans chaque ville même dont la population était assez nombreuse pour présenter ce petit tableau de la société.

Je n'ai pas parlé des règlements d'ordre et de police et des hommes chargés de les faire observer, non parce que le désordre n'avait jamais lieu sur quelques points (les passions antipathiques ou antisociales, la haine, l'envie, l'oisiveté, en un mot l'inévitable égoïsme, n'avaient pas disparu, et souvent même enfantaient encore le crime), mais parce que les causes de ces désordres devenant chaque jour de plus en plus individuelles étaient combattues par une surveillance active qui en prévenait souvent les effets.

Plus heureux mille fois que nos pères, nous ignorions ces discussions interminables et pleines de haine relatives à *la propriété*. Si une contestation s'élevait entre des industriels sur leurs *droits à l'emploi* de tel *instrument*, de telle *place*, la banque qui était l'origine de leurs droits, qui les leur avait concédés à l'époque de leur *investiture* industrielle, devenait l'arbitre naturel ; elle expliquait sans appel les termes obscurs de la charte d'inféodation. De même le sort des veuves et des mineurs, assuré par la protection communale et non par la prévoyance directe des individus, n'exigeait aucune garantie contre les tiers. Enfin la *transmission de la propriété*, soit entre-vifs, soit après décès, n'ayant lieu que sous la forme d'un bail nouveau, consenti en faveur du nouveau gérant, les ventes, licitations, transferts, nantissements, hypothèques, etc., etc., nous étaient inconnus. Ainsi disparaissaient de notre état social cette nuée d'archivistes (notaires), honorés autrefois du titre d'officiers publics, quoique les transactions réglées par eux fussent presque toujours individuelles, et cette armée de combattants (avocats, avoués, etc.), chargés jadis du soin de défendre et d'attaquer des droits qui ne donnaient plus lieu qu'à une décision arbitrale des banques, car c'est à cela que se réduisait tout le *Code de la propriété*, puisque les échanges commerciaux, les ventes et dépôts d'objets *mobiliers* ne pouvaient jamais ressortir d'un autre tribunal.

Cette partie si considérable des sociétés du passé était donc morte avec elles. Ai-je besoin d'ajouter que les causes *matérielles* de lutte entre les individus n'exigeant qu'un appel devant arbitres, la guerre, cette grande lutte entre les masses, avait perdu son caractère de déprédation et d'envahissement. Nous entendions cependant encore quelquefois le bruit des armes; ainsi notre glorieuse armée européenne imposa naguère notre civilisation à tout l'Orient, elle en portera bientôt, je l'espère, le flambeau dans les contrées où l'homme n'est pas même affranchi de l'esclavage. Nobles privilégiés de l'humanité, votre dévouement héroïque, tant qu'il sera nécessaire, excitera toujours l'admiration des cœurs généreux; les fatigues, les dangers, la mort même ne sont rien pour vous, lorsqu'il s'agit d'étendre les bienfaisantes conquêtes de la civilisation, et de hâter l'époque de l'association universelle. Et vous, dignes successeurs de Pierre l'Ermite, vous qui savez arracher aux travaux pacifiques notre brûlante jeunesse, vous qui l'enflammez de votre divine inspiration et lui communiquez votre zèle; vous, enfin, qui lui décernez la gloire et l'immortalité, de quel culte d'amour n'êtes-vous pas entourés!

Si les causes matérielles de désordres étaient soumises à l'arbitrage des banques, les soins du collége spirituel n'étaient pas moins actifs pour concilier ou réprimer les désordres moraux. L'éducation imprimait constamment la direction sociale aux actes *individuels*, et prévenait ainsi les écarts de l'égoïsme.

La répression correctionnelle exigeait sans doute des rigueurs temporelles et spirituelles dont l'humanité avait à gémir ; mais ces rigueurs, conséquences inévitables de l'imperfection de notre nature, qui comporte aussi bien des anomalies inférieures que des êtres privilégiés, aussi bien l'*égoïsme* que le *dévouement*, ont toujours été conformes aux mœurs du temps ; c'est assez dire qu'elles consistaient principalement de nos jours dans la censure publique, et dans la condamnation à des travaux d'utilité sociale.

La *Justice* et la *Guerre* étaient sous la direction spéciale de corps composés en partie de délégués de la banque, en partie de délégués du collége spirituel ; mais, je le répète, l'action directe des banques comme arbitres temporels, et celle des directeurs spirituels comme conseils faisaient progressivement disparaître, en les prévenant, des actes qui auraient exigé, sans leurs efforts, une répression correctionnelle et même criminelle.

Le premier travail un peu important qui me fut confié, me procura un avancement rapide ; j'avais été chargé d'établir le compte général des recettes et dépenses de l'armée : il se décomposait ainsi :

Les *recettes* consistaient dans les rétributions annuelles, payées par les industriels à la banque, comme *loyer* des instruments et des places qui leur avaient été remis par elle.

Aux *dépenses* figuraient : 1° celles de la banque et du pouvoir spirituel ; 2° celles de la justice et de la guerre ; 3° celles des ingénieurs, pour routes, canaux, expériences agricoles ou manufacturières, machines, etc., etc.; enfin, pour les applications générales de la science, ayant pour but d'accroître les moyens de production, c'est-à-dire d'augmenter leur nombre et leur puissance, d'améliorer en un mot la propriété sociale ; 4° celles des invalides et mineurs ; 5° enfin celles pour les rentes des producteurs retirés du travail. J'eus l'idée assez heureuse de joindre à ce budget un mémoire qui, sans avoir d'importance purement industrielle, en avait une très-grande en ce qu'il pouvait contribuer puissamment à rattacher à l'ordre social actuel, en reportant les esprits sur le spectacle du passé. — Je fis des recherches historiques assez étendues, pour établir sur des données certaines le budget de l'année 1828, non pas tel que l'entendaient alors nos aïeux, mais d'après l'acception que ce mot doit toujours avoir dans une société politique constituée pour la *production*. Voici sur quoi portèrent mes recherches. Je pris le budget dressé par le sieur Roy, ministre de Charles X, et sans m'occuper des détails des recettes, je portai pour premier article de l'actif de mon budget *rectifié*, un MILLIARD prélevé sous différentes formes par le gouvernement, sur les travailleurs. J'y ajoutai approximativement : 1° ce que les PROPRIÉTAIRES de terres et de maisons prélevaient sur les personnes auxquelles elles distribuaient ces places; 2° ce que les individus nommés alors CAPITALISTES recevaient pour le soin qu'ils prenaient sans grande peine, de répartir assez maladroitement, entre les travailleurs, les instruments de la production. Ces deux articles énormes s'élevaient à plus de deux milliards.

Ainsi j'établissais pour premier point, quant aux recettes publiques, c'est-à-dire, quant aux retenues faites sur les produits du travail, que les producteurs payaient, en 1828, trois *milliards*.

L'état des dépenses correspondantes à ces recettes montrait, par une foule de rapprochements assez sensibles, quelle était la situation temporelle de la société au commencement du XIX° siècle; mais ce n'était point là son unique avantage; il indiquait encore comment les besoins spirituels étaient rétribués et par conséquent appréciés à cette époque.

En effet, si l'on voyait, d'une part que l'oisiveté presque complète des distributeurs de *places* et d'*instruments* (propriétaires et capitalistes) était rétribuée bien grassement, et, par conséquent, aux dépens du bien-être physique des travailleurs (ce qui donnait l'explication de ce fait presque inconcevable aujourd'hui, que le tiers de la population périssait de misère ou allait mourir à l'hôpital), de même en rapprochant les dépenses faites pour l'Université, pour les beaux-arts, de celles consacrées soit à la guerre, soit à la police, on trouvait par exemple que deux maréchaux de France recevaient autant que toutes les académies du royaume; avec de pareils faits, dis-je, on pouvait facilement apprécier la misère spirituelle de cette époque.

Les travaux d'un savant nommé Dupin me furent utiles sous ce rapport. Je leur donnai un degré de plus de généralités. J'y joignis quelques vues d'ensemble que ce *staticien* n'avait pas senties, quoiqu'il vécut à une époque où elles étaient déjà philosophiquement exprimées; et les mêmes moyens qui, dans une circonstance particulière, lui avaient servi pour qualifier du nom de *déplorables*

des actes politiques qu'il appelait un *système* politique, je les employai, sur une échelle plus grande,
à démontrer les pas immenses que la civilisation
avait faits depuis le XIXe siècle.

Les conclusions de mon travail étaient si éviden-
tes qu'il était impossible de ne pas s'étonner, en re-
marquant le nombre de ces capacités rigoureuses
qui s'étaient épuisées à contester quelques faibles
dépenses du gouvernement d'autrefois, dépenses
que l'on appelait à juste titre *sinécures*, tandis que
la plus magnifique des sinécures restait, pour ainsi
dire inaperçue ; leurs plus profonds économistes
répétaient sans cesse que le meilleur gouvernement était celui qui coûtait le moins, et qu'en
toutes choses à qualité égale, le bon marché était
toujours avantageux, mais ils se gardaient bien
d'appliquer ce principe à la fonction la plus mal
remplie, la plus chèrement payée, et cependant la
plus importante sous le rapport temporel ; car ils
ne se doutaient pas que les propriétaires et capitalistes n'étaient pas autre chose que *les distributeurs
des places et des instruments d'industrie.*

Mon mémoire fut unanimement approuvé par le
conseil de la Banque : il fut adressé selon l'usage
au collége spirituel qui en autorisa presque aussi-
tôt l'impression en y joignant l'approbation la plus

honorable pour moi. Dès lors je sortis réellement de la ligne ordinaire, et la considération publique me fut acquise par le nouveau grade que me conféra la Banque. Elle me nomma chef de comptoir d'agriculture à la banque de Lyon, ma ville natale.

J'avais vingt-deux ans, les années que j'avais passées à Paris avaient été très-laborieuses ; j'en avais bien profité pour acquérir les connaissances nécessaires à ma profession ; et mes travaux intellectuels, aussi bien que les peines que je me donnais pour me mettre largement au niveau de la pratique industrielle, avaient, pour ainsi dire, absorbé tout mon être. J'avais peu joui des douceurs de la société, mon cœur n'avait eu pour se satisfaire que ces vives émotions causées par le spectacle de l'humanité, et les plaisirs plus calmes de l'amitié. Mon retour près de ma famille, l'accueil que je reçus des anciens amis de mon enfance, de ceux de mon père, me rappelèrent à la vie individuelle, aux sentiments du bonheur domestique qui avaient été presque éteints, lorsque mon ardeur pour le travail et mon amour pour l'humanité m'occupaient tout entier.

Uu événement funeste contribua surtout à me faire sentir que l'homme ne peut pas plus faire abstraction complète de son individualité, s'effacer du tableau immense exposé à ses yeux, qu'il ne lui est possible de s'isoler entièrement du milieu qui l'environne pour ne contempler et n'aimer que lui. La mort de ma mère réveilla tous ces sentiments assoupis ; le désespoir de mon père, les larmes d'une sœur chérie me firent trouver un nouveau bonheur dans notre mutuelle affection. Mon cœur s'élargissait, mais la mort y laissait un vide qu'il me fallait remplir. Je me rapprochais des êtres qui m'étaient chers ; je m'inquiétais d'eux, de leurs plaisirs, de leurs peines, avec ce zèle ardent que je mettais naguère à calmer les souffrances, à découvrir les éléments de bonheur de l'humanité, et je cherchais un être qui pût souffrir de *mes* chagrins, jouir de *mon* bonheur, sentir *ma* gloire, sympathiser enfin avec moi comme une tendre mère.

Mes sentiments ainsi exaltés ne tardèrent pas à se satisfaire ; les soins affectueux prodigués à ma sœur dans cette douloureuse circonstance par une de ses amies, m'attachèrent à cette jeune personne ; j'aimais en elle cette puissance de sympathie qui la faisait souffrir, non d'un malheur qui la frappait personnellement, mais des larmes de son amie ; ce n'était pas ma mère qu'elle pleurait, elle l'avait à peine connue, et cependant elle était pénétrée de

douleur ; il semblait qu'elle aussi était orpheline.
Les relations intimes qui unissaient nos familles me
donnaient souvent l'occasion de la voir ; chaque
jour j'éprouvais un nouveau plaisir à découvrir en
elle un cœur aimant, cette adorable faculté qui nous
fait obéir à nos propres révélations, sans attendre
les froids calculs d'un long raisonnement. J'admirais ce tact merveilleux qui lui permettait à
l'instant même *d'agir* ou de prévoir, quand mon
esprit était encore dans le doute. Il semblait que
l'activité de son âme donnât la vie à tous les objets
qui l'entouraient, elle les avait sentis, elle en était
frappée lorsque moi-même je les avais à peine distingués, et qu'il m'était encore impossible de les
classer et de les reconnaître ; et cependant ses jugements étaient les miens, ma raison me dictait
lentement les actes rapides que je lui voyais faire ;
enfin ses PRÉVISIONS étaient semblables aux *conclusions* que je tirais de la *rigoureuse observation des
faits.*

La vivacité avec laquelle s'opérait en elle la
réaction de toutes les sensations qu'elle éprouvait
m'effrayait quelquefois ; j'avais peine à concevoir
que ces rapides inspirations fussent toujours de
bons guides et ne l'égarassent jamais ; et cependant il me fallait un effort de raison pour ne pas

être captivé, subjugué par le charme que lui donnait cette admirable faculté.

Bientôt j'appris d'elle, dans ces tendres épanchements auxquels se livrait déjà notre amour, qu'un sentiment de crainte semblable au mien l'avait agitée. En admirant, disait-elle, le calme de ma raison, la justesse de mes jugements, l'heureuse influence des conseils que je ne donnais presque jamais qu'après de mûres réflexions, elle avait redouté de trouver en moi une espèce d'apathie et de lenteur souvent funestes pour l'accomplissement de mes devoirs envers l'humanité, envers ma famille, envers moi-même.

Ainsi se préparait notre union. Parfait accord de l'*âme* et de l'*esprit*, harmonieuse image de l'unité morale, combien de vives jouissances, combien de plaisirs purs n'avons-nous pas puisés à cette double source de bonheur.

Les préparatifs nécessaires à mon mariage furent bientôt faits. Le logement que m'assignait mon rang à la Banque fut disposé en peu de jours pour nous recevoir, et notre nouveau ménage fut organisé promptement par les soins de ma femme qui, depuis plusieurs années, dirigeait celui de sa mère.

Jouissant du bonheur que notre union répandait dans nos deux familles, et réfléchissant aussi sur l'abandon de deux êtres qui ne demandaient pour garantie de l'avenir que leur foi dans leur *raison* et dans leur *amour*, je me plaisais à reporter ma vue sur le passé; j'y voyais ces nations se disant civilisées, quoiqu'elles portassent le joug barbare de l'antiquité, se débattre dans les liens du *régime dotal*, discuter des apports *paraphernaux*, s'unir pour la fortune, comme elles s'unissaient pour la chair, combattre enfin l'abandon des sentiments, non par la raison mais avec la matière ; ne contractant le nœud le plus saint que pour s'enrichir plus tôt d'une partie des dépouilles de la génération à laquelle elles devaient la vie. Lorsque ces souvenirs se présentaient à mon esprit, dans nos entretiens, ma femme était surtout frappée du sort de ces malheureuses créatures que les vieilles sociétés traitaient de mineures. Elle voyait avec dégoût ces mères achetant un époux à leurs filles au moyen d'une riche *dot* et de ce qu'on nommait des *espérances;* quelles espérances grand Dieu! Combien elle bénissait alors cette volonté puissante qui entraîne l'humanité dans sa marche progressive, fondant, sur l'élévation graduelle du faible, l'espoir qu'il ne serait pas dépouillé par le fort, et affranchissant successivement les mineurs de cette barbare oppression.

« Quelles relations d'amour, de confiance pou-
» vait-il exister, me disait-elle, dans l'union de
» deux êtres dont l'un ne reconnaît pas à l'autre
» le pouvoir de donner autant de bonheur qu'il en
» reçoit? Et cette puissance n'était donc pas une
» richesse, ne constitue-t-elle pas la force? Orphée
» est-il plus faible qu'Hercule? L'âme brûlante de
» saint Paul ne fait-elle pas tomber les armes
» des mains des barbares? Malheureux aveugles,
» ils enchaînaient l'amour; si la douceur du Dieu
» captif leur inspire la pitié, ils changent ses fers
» en liens légers et brillants, mais ce sont toujours
» des chaînes; ils se plaisent à l'embellir, à le
» parer, ils s'amusent de ses grâces et de sa légè-
» reté; mais ils trompent sa candeur, ils abusent
» de sa faiblesse, ils se séduisent par l'appât de
» ces colifichets dont ils lui font un besoin, car
» ses parures lui sont utiles pour plaire, et vouloir
» plaire, c'est aimer. »

Le bonheur dont je jouissais m'avait rendu peut-
être un peu moins assidu à mes occupations; j'y
fus rappelé par une circonstance qui se présentait
assez rarement et qui exigeait des mesures promptes
et des recherches très-étendues.

La puissance de l'homme sur la nature venait
de faire une immense acquisition; le génie indus-

triel, d'un nouveau levier pour la mouvoir ; un mécanicien déjà célèbre venait de découvrir une puissance dynamique semblable à la superbe invention de Watt. Tout le mode de travail devait être changé par cette découverte dont l'application pouvait être générale.

Telles étaient les révolutions de nos jours ; révolutions aussi réelles que celles du passé, mais qui amenaient à leur suite du bonheur et non des larmes, du pain et non du sang.

Lorsque cette découverte fut transmise à la Banque, avec l'approbation du corps des ingénieurs, le conseil général fut assemblé et des ordres furent promptement adressés dans les départements, pour établir des enquêtes sur les points suivants :

1º Quelles seraient les branches d'industrie qui pourraient le plus promptement et avec le moins de dépenses faire l'application de la force nouvelle?

2º Indiquer le nombre des établissements industriels qui, améliorés par cette nouvelle machine, pourraient à eux seuls donner *la même quantité de produits,* obtenus précédemment par les anciens procédés.

3· Dresser l'état de la population dont les forces

se trouveraient remplacées par la nouvelle machine.

4° Enfin indiquer les moyens d'occuper utilement ces forces, soit en les employant à une production plus abondante des mêmes produits, soit
en les appliquant à des travaux d'utilité générale,
construction de routes, de canaux, de monuments
des beaux arts.

Ces enquêtes donnaient la solution du problème
qui avait tant occupé autrefois et à bien juste titre
l'attention des économistes, *l'introduction des nouvelles machines, dérangeant l'équilibre entre la
production et la consommation.* Les uns ne pa-
raissaient frappés que des inconvénients qui résultaient du déclassement des producteurs devenus
surabondants, les autres n'apercevaient que les avantages de la nouvelle puissance acquise par l'humanité, et fermaient pour ainsi dire les yeux sur les
malheurs momentanés attachés à cette découverte.
Les premiers ne présentaient pour moyen d'ordre
que la suspension ou l'annulation même du nouveau procédé, les autres se contentaient de dire :
Laissez faire! et cependant deux choses faciles à
démontrer étaient celles-ci : 1° que l'application
d'une force plus grande ne pouvait pas diminuer
la quantité des produits annuels, que cette force

nouvelle au contraire remplaçant en certain point la force humaine, il fallait s'occuper de donner un nouvel emploi à la force déplacée, et, quel que fût son nouvel emploi, laissât-on même dans une complète inaction, *en leur donnant les moyens de vivre*, les ouvriers surabondants, les produits annuels ne seraient pas plus rares qu'auparavant ; d'où il suit que toute la force humaine économisée peut et doit être employée à des travaux entièrement neufs, ou du moins à des occupations qui n'apportent pas sur le marché des produits matériels surabondants. Notre département se trouvait être, par suite de la nouvelle découverte, l'un des plus favorisés, et en conséquence l'un de ceux où il était le plus urgent de préparer des moyens d'ordre. Depuis longtemps l'industrie marchait à peu près avec les mêmes forces et n'avait pas éprouvé de ces grandes révolutions qui la modifient tout entière; d'ailleurs notre département n'avait pas, comme beaucoup d'autres, une production spéciale ; nos produits au contraire étaient très-divers, ce qui établissait entre nos ouvriers des différences de pratique assez considérables; heureusement leur éducation paraît aux *inconvénients de cette grande division de travail*, leurs connaissances théoriques embrassant tou-

jours un cercle plus étendu que celui du métier
qu'ils exerçaient ; par cela seul ils faisaient facilement un nouvel apprentissage lorsqu'une mutation
était due à l'acquisition de forces nouvelles, puisqu'alors l'emploi de sa force musculaire devenait
moins utile, tandis que le besoin de forces intellectuelles augmentait d'intensité.

Ainsi était encore résolue une question bien in-
téressante de l'ancienne économie politique, *la division de plus en plus grande du travail*, qui
avait embarrassé tant d'esprits élevés, et dans laquelle Smith, et même un ancien élève de Saint-
Simon (A. Comte), avaient aperçu une tendance
constante de dégradation humaine.

La malheureuse facilité que certains penseurs
trouvent à étudier la marche de l'humanité, en
suivant son développement dans des abstractions et
non dans l'ensemble, doit nécessairement produire
de pareilles erreurs. L'espèce humaine ne tend pas
plus vers la *division du travail* que vers la meilleure combinaison des efforts ; spécialiser et généraliser sont deux modes qui marchent parallèle-
ment, et il est absurde de croire que l'individu
même puisse se diviser à tel point que toutes les
facultés soient absorbées dans l'une ou l'autre de
ces directions.

L'éducation *générale*, l'éducation *spéciale* agissent surtout parce que chacun possède à des degrés plus ou moins grands les moyens d'employer ces deux modes, et éprouve le besoin de les sentir occupés. Ce qui caractérise les hommes généraux, c'est l'aptitude qu'ils ont pour faire *sentir* ou *démontrer* les faits généraux, mais les masses agissent de même qu'eux, en vertu de ces sentiments ou de ces démonstrations; en un mot la règle des devoirs est commune pour tous, parce qu'il n'est pas d'homme, quelque spéciales que soient ses occupations journalières, qui ne soit constamment porté, par sentiment ou réflexion, à considérer l'ensemble de la société. Les époques critiques présentent sous ce rapport un phénomène remarquable ; l'absence d'idées communes, de sentiments généraux n'étant pas, pendant ces périodes, le besoin de généraliser qui occupe l'homme dans toutes les conditions; qu'en résulte-t-il? La généralisation n'étant pas faite, n'étant pas *sentie* par les masses, ou *démontrée* aux savants, chacun en imagine une à sa manière. Ainsi personne ne comprend, ne sent l'intérêt général, et tout le monde veut s'en occuper, la politique est à l'ordre du jour, et cependant aimer l'ordre établi, ou en faire le règlement, produire les monuments des beaux-arts ou éprouver les sentiments qu'ils font naître sont des choses différentes, vouloir s'instruire ou enseigner les autres exige deux aptitudes particulières. Mais l'homme qui aime le gouvernement sous lequel il vit, celui qui sent résonner en lui le langage des poëtes, qui désire connaître ce que d'autres qu'eux ont découvert, cet homme, dis-je, ne sera jamais réduit par la division du travail à un *spécialisme* abrutissant ; toutefois, ainsi que je l'ai déjà dit, la division des travaux industriels de notre département nous obligeait à faire des recherches minutieuses pour combiner les moyens d'employer le plus utilement possible les ouvriers déplacés ; je proposai un plan [1] qui fut adopté par la banque. J'avais lu dans le journal

1. Il est bon d'observer que ce remède n'a réellement qu'un caractère transitoire, puisqu'il suppose, comme on le verra tout à l'heure, que l'association universelle n'est pas encore réalisée, et qu'il existe des populations arriérées. L'introduction de nouvelles machines déterminant une révolution industrielle ne pourra jamais donner lieu, *dans l'avenir définitif*, à des déplacements pour *colonisation*, l'application des nouveaux procédés se fera alors par des moyens d'ordre dans chaque atelier général, c'est-à-dire chez chaque peuple ; ces découvertes aideront à perfectionner les moyens d'action sur la nature et provoqueront simplement une nouvelle distribution du travail entre les producteurs. Le remède indiqué a été choisi, parce qu'il donne les moyens de présenter plusieurs vues transitoires d'une assez grande importance, mais on doit concevoir surtout que jamais les secours portés aux populations arriérées ne seront présentés sentimentalement, comme un moyen de se garantir de ce que M. Bonald appelle une pléthore industrielle.

Congrès européen une demande, faite il y a plus d'un siècle par le gouvernement de Russie au congrès, de forces nécessaires pour entreprendre des défrichements considérables dans les steppes du midi et pour établir des communications faciles, pour le Caucase et la Géorgie, avec les belles provinces de l'Asie que les guerres du siècle dernier venaient de rapprocher de notre civilisation. Cette demande avait été ajournée par le congrès, l'Europe ne pouvait disposer alors des forces nécessaires pour une pareille *conquête ;* depuis lors il avait été tout à fait négligé. Je le rappelai dans le mémoire que j'envoyai à la banque générale, et je proposai les moyens d'organiser promptement la levée d'hommes qui répondraient à l'appel des âmes généreuses, et de fournir les instruments de tous genres indispensables pour cette vaste entreprise.

Je comparais encore, dans mon travail, le présent au passé; je montrais que les conquêtes des nations modernes exigeaient bien moins de dépenses matérielles que les guerres du grand Napoléon, et qu'elles ne laissaient après elles aucunes traces douloureuses. Je rappelais ce fol envahissement de la Russie, la désastreuse retraite d'une armée immense, le temps employé à réédifier ce que l'incendie et le gaspillage avaient détruit ! je

demandais aux artistes de nous tracer le tableau de
ces contrées que nous allons vivifier et embellir en
y faisant bénir notre puissance, d'échauffer nos
cœurs du désir d'améliorer la propriété territoriale
du genre humain, contribuant ainsi, pour notre
pays, à l'accomplissement de nos destinées.

Ce projet fut adopté avec joie; les littérateurs,
les poëtes, les prédicateurs répondirent à l'appel
du gouvernement; nos ouvriers, déclassés par la
révolution industrielle, embrassèrent avec enthousiasme la nouvelle voie qui s'ouvrait à leur industrie, toutes les imaginations s'emparèrent de cette
idée, et son exécution fut bientôt prête.

Je fus chargé d'en diriger une partie importante,
on me confia l'administration du matériel immense
qu'exigeait cette armée de travailleurs; j'avais pour
adjoint l'un des chefs de la banque de Vienne, et
le directeur de la banque de Moscou.

L'état-major de notre expédition me rappelait
encore celui de Napoléon; notre chef était entouré,
comme lui, des représentants de la force européenne; comme lui, il donnait ses ordres à l'Alle-
magne, à la Russie, il faisait mouvoir leurs batail-
lons, il les dirigeait contre l'ennemi commun, il les
guidait *à la victoire;* le but seul était changé;
chaque année, chaque jour nous apportait de nou-

veaux triomphes ; une route ouverte, un fleuve rendu navigable, une ville, un village fondés, et non pas saccagés ou détruits, l'établissement de musées, de temples, de colléges, de banques, tels étaient nos trophées. Les barbares du xix° siècle enlevant aux églises leurs ornements, dépouillant les palais des arts, s'épuisant à conquérir un pays dévasté, décimant par une lutte à mort la partie la plus robuste de la civilisation, auraient-ils pu croire que nous aussi nous connaissions la gloire ? Insensibles à nos jouissances qu'ils ignoraient, ils auraient traité de rêveurs les hommes qui leur en auraient fait la prophétique peinture, de même nous frémissons en pensant qu'ils cherchaient encore la gloire dans cette source de larmes et de sang où la puisaient un Annibal, un Alexandre.

Ces travaux employèrent la plus grande partie de ma vie active. Notre famille s'était accrue pendant ces belles années, j'avais un fils et une fille qui grandissaient sous nos yeux, et qui donnaient un nouveau charme à notre union ; toutefois je ne sentais pas encore s'affaiblir en moi le désir de contribuer aux progrès de la société ; mon âme était assez forte pour vivre de ces doubles jouissances, et je reçus avec joie ma nomination de *membre du congrès européen,* parce que je me sentais capable d'en supporter le fardeau.

Je quittai la Géorgie en y laissant des souvenirs qui me préparaient de bien heureux jours pour ma vieillesse; mon nom y restait attaché à jamais, une de nos nouvelles cités se faisait gloire de le porter, et il était béni dans la fête instituée pour célébrer l'anniversaire de la fondation de cette ville. Les relations que j'ai toujours conservées avec ce pays ont été une bien douce récompense de mes travaux. Malgré mon éloignement, j'étais informé de tous les événements heureux ou malheureux éprouvés par ce peuple qui m'honorait comme un père; il me consultait . sur tous les projets importants pour son avenir, et lorsque, dans une maladie cruelle dont je faillis être victime, je reçus le témoignage empressé de son inquiétude, il contribua sans doute à ma convalescence, car il fit vivement palpiter mon cœur.

Le congrès était constamment occupé des moyens généraux de compléter l'association européenne. Dans la série de travaux industriels qui rentraient particulièrement dans mes attributions, nous levions sans cesse quelques-uns des obstacles qui s'opposaient à cette grande fédération.

Déjà les relations commerciales ne reconnaissaient plus qu'une seule mesure; le papier de la

banque générale, écrit en français, circulait sur
toutes les places ; le journal du congrès, écrit
dans la même langue, était dans les mains de tous
les hommes placés en tête des sociétés, et l'on était
prêt à mettre à exécution dans l'éducation générale une mesure qui déterminerait positivement
l'unité du langage. Tous ces perfectionnements
étaient puissamment facilités par la position de la
France à l'égard des autres peuples. C'était d'elle
que partaient presque tous les projets importants
d'amélioration, elle contribuait plus que tout autre
à leur exécution ; on l'étudiait parce qu'elle était
forte, on l'aimait parce que le bien venait d'elle ;
c'était le point central vers lequel tendaient naturellement toutes les espérances, et l'on pouvait
dire que l'antique puissance de la ville de saint
Pierre s'était transportée à Paris, car tous les regards étaient fixés sur cette capitale dans les moments d'attente de l'humanité.

L'ordre qui avait été momentanément menacé
de troubles par la révolution industrielle dont j'ai
déjà parlé, se rétablissait dans la production ; les
colonies géorgiennes ouvraient chaque jour de
nouvelles communications avec l'Asie ; certain de
la tranquillité de l'Europe et de son avenir, le congrès ordonna de nombreuses expéditions sur plu-

sieurs points de l'Afrique ; elles avaient pour but de préparer, soit des relations commerciales régulières avec les parties les plus civilisées , soit les moyens d'envahir par la force les plus barbares.

Ces dernières occupations remplirent les années que je pouvais encore consacrer à un travail soutenu qui demandait l'emploi de toutes mes facultés. Je commençais à sentir plus vivement que jamais les douceurs de mon paisible ménage ; je me surprenais quelquefois négligeant peut-être les devoirs que m'imposaient les hautes fonctions dont j'étais revêtu pour me livrer aux soins que réclamait notre petite famille, et jouir de mon bonheur intérieur. Cependant je me sentais encore capable de rendre des services, sinon pour diriger la société, du moins pour la préserver du désordre, pour *maintenir* ce que nous avions eu tant de peine à acquérir. Je témoignai le désir d'être attaché à l'ordre judiciaire, et j'obtins le titre d'*arbitre industriel* de France.

J'avais toujours cherché à me rendre compte de mes travaux, mais dans la position où je me trouvais placé, cet examen me présentait de grandes difficultés. Le règlement d'ordre , dans sa partie répressive, celle qui est proprement du ressort des tribunaux, devait être évidemment la collection des cas exceptionnels rétrogrades de la société ; or, parmi toutes ces exceptions, quelle devait être la plus générale? en d'autres termes, d'après quel principe général devaient être jugés tous les cas de désordre? ou bien, enfin, quelle était la classification la plus large des actes directement ou indirectement anti-sociaux, c'est-à-dire contraires à l'état de civilisation de la société et à son avenir?

Cette question me parut enfin résolue ainsi :

Dans une société classée hiérarchiquement suivant les degrés de capacité, l'individu qui n'est pas satisfait de la quantité de jouissances attribuées à son rang, c'est-à-dire résultantes de son propre travail, nourrit le germe d'une mauvaise action.

Il sera poussé à dépouiller son semblable, soit volontairement par *la violence*, ou par la fraude; soit involontairement en préparant sa propre ruine par le désordre de ses jouissances, désordre qui lui fera contracter des obligations qu'il ne pourra pas remplir. Nuire à autrui sciemment, et tromper par inconduite, même sans qu'il y ait volonté de nuire; telle était ma première sous-division; dans le premier cas il y a *crime*; dans le second, délit.

C'est principalement dans cette demi-partie que la législation me paraissait devoir se perfectionner, et, par exemple, voici une des modifications que je jugeais les plus urgentes. La faillite était encore régie, dans son point le plus important (sous le rapport du désordre qu'elle excite dans l'atelier), d'après les errements du passé. Les créanciers se présentaient à la liquidation et recevaient leurs dividendes dans la masse en raison de leurs créances qui, du reste, étaient toutes au même titre, *l'hypothèque n'existant plus*. Ainsi le désordre d'un individu était une source de désordres pour les personnes frappées par contre-coup de pertes inattendues qu'elles ne pouvaient pas supporter. Cet héritage du passé était en contradiction manifeste avec la constitution actuelle de la propriété ; en effet, l'industriel failli n'était que le gérant inhabile d'un établissement appartenant à une banque, c'était cette banque elle-même qui, en lui délivrant son diplôme, avait induit en erreur les tiers naturellement entraînés par la confiance dont leur débiteur était investi par les chefs temporels ; c'était donc à elle seule à intervenir.

Je montrai qu'en adoptant cette modification dans notre code, il en résulterait, outre la cessation de tous ces désordres indirects, plusieurs grands avantages, et par exemple, que la surveillance de la banque sur la conduite de ses gérants serait nécessairement plus active, qu'elle apporterait encore plus d'attention dans l'examen de leur capa-

cité avant l'obtention d'un diplôme, c'est-à-dire
avant de leur confier un instrument ou un atelier
de travail; que d'ailleurs ces gérants n'éprouve-
raient jamais de la part d'autres industriels, un
refus basé sur des craintes souvent trop légitimes,
lorsqu'ils demanderaient les matériaux nécessaires
à leur production, puisque les vendeurs de ces matériaux ne seraient pas soumis, comme autrefois,
aux chances d'une liquidation.

J'ajoutais encore que la discussion qui pouvait
s'élever sur la nature de la faillite, pour savoir s'il
y avait *incapacité* ou *fraude*, délit ou crime, dé-
confiture ou banqueroute, devait naturellement
rentrer dans les attributions de la banque, et que
la peine devait être appliquée d'après sa décision,
sans que des tiers fussent obligés d'intervenir comme
accusateurs dans un pareil procès. Je terminais enfin en rappelant que les faillites jusqu'alors, même
dans les cas les plus favorables à la moralité du
failli, présentaient presque toujours l'affligeant spectacle de sentiments trahis, d'amis entraînés dans la
ruine d'un homme qu'ils ne jugeaient que d'après
son cœur, et dont ils ne pouvaient apprécier la capacité industrielle; et alors par quelle effrayante
pénalité, ce malheureux n'était-il pas frappé! Non-
seulement l'opinion publique flétrissait, à juste titre,

son incurie, mais l'amitié lui refusait ses consolations et l'accablait de ses reproches.

Tous ces désordres tenaient donc à un seul fait, *la légalité des engagements à terme*, c'est-à-dire, des *ventes à crédit*, ou ce qui est la même chose, à l'existence d'autres titres de crédit, d'autres engagements que *l'engagement social, le billet de banque*. Je proposai de ne pas reconnaître les engagements individuels, et de faire, à l'égard des promesses de payements, *lettres de change, billets à ordre, simples promesses*, ce qu'on avait fait il y a plusieurs siècles pour les *marchés à livrer*.

La vente au comptant fut déclarée seule valable aux yeux de la loi, chaque industriel devant payer en mandats sur la banque les objets nécessaires à son travail, à sa consommation personnelle; de cette manière la banque supporterait seule la faillite que les lumières et sa surveillance n'auraient pas pu prévoir et empêcher.

Cette importante réforme fut adoptée.

Dans le grand renouvellement social que nous avions éprouvé, notre susceptibilité s'était éteinte à l'égard de certains faits qui avaient cessé de nous paraître utiles ou nuisibles à la société; mais aussi de nouveaux faits nous semblaient dignes d'entrer dans le domaine de la législation répressive du rémunératoire. Ainsi, se faire un jeu de la mort, la braver en riant, sans passion, sans dévouement, affronter le danger uniquement pour faire briller cette vertu par excellence des temps anciens, le courage, ne nous paraissait être qu'une folle bravade ridicule, ou plutôt même dangereuse à une époque où il n'était plus nécessaire que l'homme fût toujours prêt à la lutte, à la guerre. La vertu avait perdu son caractère de violence et de ruse pour revêtir la forme industrielle; l'impétueux Ajax, l'astucieux Ulysse n'étaient plus nos types de *dévouement* et de *sagesse;* nous admirions toujours la force, mais ce n'était plus la même force; nous poursuivions par la honte, par le déshonneur la *lâcheté,* mais ce n'était plus celle du passé; les *oisifs,* voilà nos lâches; agrandir le domaine scientifique ou industriel de l'homme, perfectionner ses sentiments, c'était pour nous être forts, vertueux, et mériter la *noblesse,* la gloire.

Cette transformation des idées, due à la doctrine sublime qui avait éclairé le XIXᵉ siècle, était presque généralement achevée. Nos littérateurs, nos poëtes avaient rendu populaire la nouvelle interprétation de la langue que nos nobles aïeux nous avaient transmise, et cette laborieuse rénovation sociale était au moins terminée dans les points les plus importants. La législation s'emparait de ces progrès pour les constater ; les *peines* et les *récompenses* étaient le reflet de ces mots *vices* et *vertus;* car le corps judiciaire, aux époques normales de l'espèce humaine, est toujours l'*organe* par lequel la société exprime le blâme ou la louange.

Si ces délits m'avaient paru susceptibles d'être réglés avec plus d'ordre, dans le cas de faillite, la *fraude* me semblait exiger aussi toute l'attention du législateur; en un mot, la *loi* ne représentait pas encore les *mœurs* de la société quant à ce crime. Ainsi, malgré le perfectionnement que le lien des banques développait dans l'ordre industriel, malgré l'influence constante qu'exerçait le fait seul de l'existence d'un centre commun pour une foule d'intérêts individuels, la prédominance de l'égoïsme sur l'intérêt social, lorsqu'elle se témoignait avec le caractère de fraude, produisait, comme dans le cas de faillite, une foule de désordres; le crime d'un individu frappait d'autres individus, des masses entières, le contre-coup était ressenti non-seulement par toute la société que le spectacle du désordre affligeait, mais plus particulièrement encore par des gens personnellement trompés par le criminel, et qui supportait le poids de leur trop facile confiance. Or, l'un des progrès les plus évidents de la société consiste, sans contredit, dans la décroissance du besoin de se tenir en garde contre son semblable ; l'homme qui redoute à chaque instant la violence, la surprise, c'est le sauvage, précisément parce qu'il est faible, ignorant, sans foi, sans amour ; mais, dans une véritable association, les institutions doivent débarrasser l'homme de ce besoin de défiance.

Commencer par douter de tout ce qu'affirme un homme, ne pas se fier à l'enseigne, traiter un ami comme s'il devait être un jour notre ennemi, voilà les dogmes d'une époque critique! et, en effet, alors personne n'est apte à donner un brevet de capacité qui commande la foi ; aussi le savant, l'industriel, l'artiste sans charlatanisme tombent ; l'homme fin, adroit, rusé, plus ou moins *fraudeur* en un mot, réussit, la bonne foi est une niaiserie, comme la science dans ses formes est du pédantisme ; on dissimule le bien comme le mal, parce qu'il faut tromper pour faire *adopter* même ce qui peut être positivement *démontré,* pour *vendre* ce qui est de *bonne qualité,* pour prêcher des sentiments *sociaux* à des hommes qui n'aiment *qu'eux seuls* au monde. Je le répète, la haute direction des banques imprimait chaque jour de plus en plus aux rapports temporels le caractère de confiance dont la société sentait vivement le besoin, mais les institutions secondaires correspondantes à ce perfectionnement moral ne s'élevaient pas toutes aussi promptement que je l'aurais désiré. Ainsi des annonces trompeuses remplissaient encore nos journaux industriels ; une foule de produits de mêmes formes, de même apparence, et cependant de qualités bien différentes, circulaient sans autre garantie pour les acheteurs que leurs propres lumières. Un étalage de luxe inutile à la production, inventé dans le seul but de séduire les chalands et d'enlever les pratiques d'un confrère ; enfin, de grossières supercheries qui ne pouvaient même avoir de prise sur les faibles, sur les véritables mineurs de la société, accusaient encore l'imperfection du règlement d'ordre. Je ne perdais pas de vue cependant les justes critiques qui avaient été faites des entraves que les corporations du passé mettaient à la production par la marque des experts jurés, entraves qui avaient été longtemps encore conservées pour les liquides dans les *droits réunis*, et pour les matières précieuses dans le contrôle d'or et d'argent. Entre ces deux écueils, l'industrie *sans police*, ou l'industrie gênée par une *inquisition fiscale*, je trouvais une place pour des institutions nouvelles et une pénalité conforme aux progrès de l'industrie et de l'esprit d'association ; je pensais que la *marque* pourrait être facultative, et que cela suffirait, d'une part, pour que les producteurs eux-mêmes trouvassent convenable d'y soumettre leurs produits dont la qualité ne pouvait être facilement appréciée par l'acheteur [1] ; d'autre part, pour que l'acheteur, de son côté, s'éloignât des vendeurs qui n'auraient pas rempli cette formalité. Il me semblait que la loi, sauf dans le cas de vente aux enchères, qui se faisait toujours en présence d'un délégué de la banque (commissaire-priseur), ne devait reconnaître que le marché à prix fixe, c'est-à-dire qu'elle devait établir une pénalité dans tous les cas où la vente n'aurait pas ce caractère. Enfin, je croyais que les banques devaient, dans leur intérêt propre, surveiller et punir les actes dans lesquels elles verraient l'esprit de lutte animer l'un contre l'autre quelques-uns des gérants de leurs établissements ; dans ces circonstances, elles jugeraient de la gravité des cas, et témoigneraient leur mécontentement, soit spirituellement par une

---

1 Le banquier Laffitte disait, au xixe siècle, qu'il donnerait volontiers 50,000 fr. par an pour que chacun fût obligé de déposer tous les six mois son bilan à la Banque, sous peine de banqueroute frauduleuse, dans le cas où ce bilan ne serait pas conforme aux livres ; c'est la même idée, étendue à tous les faits industriels, que j'expose ici.

simple remontrance, soit temporellement par une dégradation industrielle, c'est-à-dire en plaçant le coupable dans une position inférieure à celle qu'il avait occupée jusqu'alors.

Ces diverses contraventions à l'ordre social devaient donc être réfléchies dans la constitution intérieure des banques, c'est-à-dire représentées par des fonctions créées *ad hoc*, par la raison que *la toute-puissance de l'opinion publique* n'est invoquée que là où les institutions ne sauraient l'imprimer, l'autorité n'ayant pas capacité pour la formuler. Ainsi les époques critiques seules peuvent présenter ce singulier phénomène, savoir : l'opinion publique réprouvant un acte mais s'opposant à ce que l'autorité en prenne connaissance, soit pour le *punir*, soit même pour le *prévenir*.

Quelques-uns des chefs de la banque crurent voir d'abord dans ma proposition une espèce de *maximum;* il n'en était rien. Vendre plus cher qu'on n'a acheté constitue le bénéfice industriel; j'étais bien loin de vouloir l'annuler ou le rendre égal pour chacun. L'intelligence de l'homme qui prévoit la rareté d'un produit ou les exigences d'un besoin nouveau, les peines qu'il se donne pour être le premier à opérer l'approvisionnement, méritent certainement récompense; aussi la marque et l'indication du prix coûtant ne devaient pas empêcher que chacun pût demander le prix qu'il voulait, pourvu qu'il ne pût pas espérer obtenir à meilleur compte en *marchandant ;* car c'était la lutte et la fraude seules qu'il s'agissait de combattre, c'était de la défiance qu'il fallait délivrer les acheteurs, il fallait enfin arriver à la *garantie de la qualité* et au *prix fixe,* ce qui est tout autre chose que le *maximum.* Une autre objection m'était encore faite. Le mandarinisme industriel, me disait-on, constituera dans la société une classe nombreuse de surveillants qui seront eux-mêmes plus ou moins démoralisés par les fonctions qu'ils rempliront ; faire le métier d'*espion,* de délateur, ou même de censeur, c'est prendre des habitudes réellement antisociales.

Cette objection aurait été fort juste, si j'avais parlé de consacrer *uniquement* à ces occupations rigoureuses une certaine quantité d'individus ; telle n'était pas mon opinion. De même que les contestations temporelles étaient soumises à l'arbitrage d'industriels actifs et surtout des industriels les plus recommandables par leurs lumières et leur moralité, de même je pensais que quelques-uns d'entre eux pouvaient être aussi chargés de cette surveillance indispensable, pour le maintien de l'ordre ; je me serais bien gardé de demander qu'on les

arrachât à leurs travaux ; je me bornais à augmenter les attributions des tribunaux ; au lieu de juger
seulement des contestations, ils remonteraient à
leurs causes, et pour cela ils s'éclaireraient par des
enquêtes faites dans un but d'ordre, non dans un
vil intérêt de police, car ce ne serait pas dans ces
fonctions que leur imposerait l'amour de l'ordre
que les membres des tribunaux placeraient leur réputation et leur gloire ; ce ne serait pas d'elles
qu'ils attendraient leur fortune, ils ne leur demanderaient pas un avenir ; ces fonctions au contraire
seraient pour eux une charge qui prouverait leur
dévouement à la société. Ainsi leur zèle n'aurait
rien de vexatoire, d'inquisitorial, leur désir ne serait pas de plaire à des supérieurs en provoquant
au crime le malheureux prêt à y être entraîné, ils
lui tendraient la main et l'en éloigneraient par des
avertissements paternels, par des récompenses ou
par des punitions. On ne devait donc pas craindre
de voir se développer ces sentiments qui ont rendu
toujours si dégoûtant le nom de *police ;* il était certain également que le public ne les repousserait pas
avec défiance, avec horreur, car il serait pour lui
ce qu'étaient autrefois la garde nationale, les jurés,
les juges de tribunaux de commerce ; ils rempli-
raient en outre une fonction morale, celle de

censeurs, fonction réprouvée à ces époques où personne ne reconnaît à qui que ce soit le droit de censurer; or c'est précisément le droit, lorsqu'il est justement acquis, par une supériorité réelle, qui anoblit la police autrefois si avilissante.

Une dernière critique plus fondamentale était encore faite contre ce projet, elle mérite d'être réfutée longuement parce qu'elle a partagé longtemps les esprits.

« Vous donnez, me disait-on, une importance trop grande à la législation dans les moyens préventifs de police et dans son action répressive. L'espèce humaine tend vers l'association, par conséquent il y a nécessairement un affaiblissement successif des sentiments antisociaux et ainsi des causes de désordre, et d'ailleurs lorsque la société était soumise à la force brutale, lorsque la lutte, la guerre étaient la base des institutions, on conçoit que les dispositions à la lutte aient été très-grandes; dans l'avenir on ne les conçoit pas, au contraire le fait général étant l'association, les faits particuliers doivent réfléchir le principe. »

La question ainsi posée me paraissait mal présentée, voici ce que je répondais.

L'homme peut se déterminer rationnellement ou sentimentalement à faire un acte, par deux motifs :

soit en considérant son individu comme centre, soit en le plaçant au contraire à la circonférence; ou autrement, il peut subordonner l'intérêt général *quel qu'il soit* à l'intérêt particulier, et réciproquement; le premier cas est toujours ce qu'on appelle *vice*, l'autre est la *vertu*. En *général* les deux moyens conduisent au même but aux époques organiques, parce que l'intérêt général est alors connu et senti; dans les époques critiques, au contraire, l'intérêt individuel domine parce qu'il n'y a ni *conviction*, ni *amour* pour ce que l'on *pense pouvoir bien être* l'intérêt général.

Que la société soit organisée *pour prospérer par* la guerre ou *par* la production, par la domination de l'homme sur l'homme ou par l'association, le phénomène précédent se présente toujours, l'intérêt individuel ne se trouve d'accord avec l'intérêt général que chez les hommes qui portent en ligne de compte, dans leur intérêt *individuel*, l'*estime* et l'*amour de leurs semblables*, c'est-à-dire pour ceux qui se placent *simultanément* au *centre* et à la *circonférence*. Le dévouement et l'égoïsme, la vertu et le vice sont les exceptions, il est vrai, mais la qualité du but social ne fait rien au *fond*, il ne change que la forme.

En effet, si lorsque le but social est l'enrichisse-

ment *par la guerre*, l'intérêt individuel prédomi-
nant, l'égoïsme revêt des formes anti-sociales,
l'éducation sociale ne cherche pas moins à subordonner tous les sentiments à l'amour *de la patrie*,
comme elle les subordonne aujourd'hui à l'amour de
l'*humanité*. Aucun code de morale, excepté aux
époques critiques, n'a considéré l'individu comme
centre et n'a prêché l'égoïsme; toutes les institutions au contraire étaient faites pour ramener les
citoyens à la *circonférence*. Dépouiller son semblable n'était pas alors une preuve d'égoïsme; faire
une chose que les mœurs sociales repoussent, voilà
seulement ce qui prouve (*à toutes les époques
organiques*) que l'on subordonne l'intérêt général
à l'intérêt particulier. L'intérêt social, l'intérêt de
la patrie était au moins aussi vivement senti dans
le passé que l'est aujourd'hui l'amour de l'humanité, il commandait des actes de dévouement aussi
grands; chacun *savait* en quoi consistait la force
sociale, car les guerriers et les prêtres étaient pour
ces peuples barbares ce que sont pour nous les *industriels*, les *savants* et les *artistes*. Si des désordres (relatifs) existaient, ce n'était donc pas
parce qu'on ne connaissait point ce qu'il fallait faire
pour être dans l'ordre; on le connaissait aussi bien
(relativement) qu'on le connaît de nos jours. *Le*

but tend vers l'association. Cela ne veut pas dire autre chose, si ce n'est que les hommes qui combinent l'intérêt individuel avec l'intérêt social, *mais ceux-là seulement,* reconnaîtront un jour que le meilleur moyen de produire est de s'associer, comme ils pensaient autrefois que c'était de faire la guerre ; mais cela ne préjuge rien pour ceux qui subordonnent l'intérêt général à l'intérêt individuel, c'est-à-dire pour tous les cas où ce dernier est tellement pressant qu'il force l'individu à se considérer comme centre. Une grande oisiveté, et la misère qui en est la suite, une surexcitation sentimentale, une brûlante ambition, un violent amour, une excessive faiblesse intellectuelle, sont des causes éternelles qui font perdre de vue la société et qui tiennent à l'organisation irrégulière de l'espèce humaine. Sans doute l'humanité se perfectionne en se développant, elle accroît chaque jour ses moyens de jouissances ; les désordres qu'elle présente deviennent même constamment de moins en moins nuisibles à la production, et quoiqu'ils soient tout aussi sensibles, quoique des peines toutes spirituelles nous fassent tout autant de mal que les dévastations horribles du passé causaient de souffrances à nos pères, exposés chaque jour à perdre la vie, à voir égorger sous leurs yeux les objets de leurs affections, cependant nous ne nous abusons pas en chantant avec nos poëtes les merveilles de la civilisation.

En résumé, ces mots misère , ignorance , désir, ont, à chaque renouvellement social, une nouvelle interprétation , mais ils sont toujours les causes d'effets semblables, ils poussent au crime qui lui-même subit une transformation ; l'humanité change de forme , le fond reste le même ; elle se pose à chaque époque des problèmes semblables qui ont à chaque époque la même importance ; celle qui était attachée aux législations du passé est égale à celle que doit avoir la nôtre. La législation de l'avenir, quels que soient nos perfectionnements, tant que la constitution physiologique de l'homme ne changera pas, ou du moins tant que l'irrégularité de notre organisation sera la même, c'est-à-dire tant que les mots *force* et *faiblesse*, *vice* et *vertu* auront une signification ; la législation de l'avenir, dis-je, aura toujours le même objet : prévenir ou réprimer les écarts de l'intérêt individuel et récompenser le dévouement à l'intérêt général, enchaîner le *vice*, honorer la *vertu;* le vice n'est pas entouré aujourd'hui d'un appareil sanguinaire comme par le passé ; il a lui-même les formes sociales, mais il est, relativement aux habitudes générales, aussi anormal qu'il l'était autrefois. *Les sen-timents sociaux croissent,* si l'on entend par là que la philanthropie est une base plus large que l'amour de la patrie, mais, quant à l'état social actuel, ils jouent le même rôle et ils n'ont pas plus d'influence que dans le passé. De même l'intérêt individuel est plus éclairé, plus habile, moins brutal, mais les mêmes causes lui donnent naissance, les actes qu'il produit ont seulement une autre forme. Voir autrement l'humanité, ce serait exagérer même l'expression poétique du développement de l'espèce, ce serait faire de la terre un paradis peuplé d'anges, ce serait vouloir l'égalité de perfection entre tous les individus.

Après avoir indiqué les modifications aux points importants de la législation industrielle, l'incurie et la fraude, j'ai peu de chose à dire sur les cas de violences; ici se montre clairement le progrès véritable de l'humanité, car chaque jour ce moyen employé par l'égoïsme devient plus rare, et quand il se présente, il témoigne plutôt une maladie réelle dans le coupable, qu'un désordre momentané dans son esprit; c'est l'idiotisme complet ou la monomanie qui produit de pareils crimes, ils rentrent par conséquent dans les cas médicaux. Aussi notre police, sous ce rapport, n'exige-t-elle pas la sur-

veillance de troupe armée pour la conservation de
la tranquillité publique. Le sabre du gendarme, la
baïonnette du factionnaire ne blessent plus notre
vue ; le bruit de cet instrument barbare dont le son
empêchait Chateaubriand de *lier deux idées*, le
roulement du tambour, ne brise plus nos oreilles ;
le réveil et la retraite sont annoncés par les mer-
veilleuses horloges de nos temples dont l'ingénieux
mécanisme produit l'effet d'un excellent orchestre.
Des airs chéris du peuple lui rappellent des hymnes
d'espérance et de bonheur qui l'excitent au travail
ou charment son repos.

Parvenu au sommet de l'échelle, j'ai assisté aux
travaux de deux générations dont l'une conserve,
ordonne, *administre* ce que l'autre *produit ;* celle-
ci, laborieuse, infatigable, ardente, prépare un
avenir brillant à nos neveux, celle-là maintient
l'*ordre* si nécessaire pour qu'elle jouisse bientôt
d'un repos qu'elle désire, car elle a tout fait pour
l'embellir par les plus purs souvenirs. Depuis
quelque temps mes occupations commençaient à
me paraître pénibles ; ce spectacle continuel des
anomalies vicieuses de la société fatiguait mon
esprit, brisait mon cœur ; je me sentais le besoin
de reporter ma vue sur des espérances, sur le côté
brillant de l'humanité, sur les garanties que le pré-

sent donne à l'avenir. Je voulais jouir, en un mot, de ce beau spectacle qui s'était développé sous mes yeux ; longtemps acteur sur la scène du monde, il me tardait d'être spectateur à mon tour, d'applaudir aux nobles efforts que font mes enfants pour nous surpasser, de les encourager, sinon par mon exemple, du moins par l'application que donnerait à la jeunesse un vieillard qui les avait toujours guidés dans le *chemin de l'honneur*.

Je formais encore un vœu que la rapidité du temps m'engageait à réaliser promptement ; je désirais revoir ce pays où j'avais passé mes plus belles années, et dont je conservais tant de souvenirs ; je voulais y finir mes jours au milieu des anciens compagnons de mes travaux ; c'est enfin l'amour de la *patrie* qui parlait à mon cœur, car la patrie, c'est le sol que l'on a arrosé de ses sueurs ; les *concitoyens*, ce sont les hommes avec lesquels on a contribué au bien-être de l'humanité, et les êtres qui ont éprouvé les mêmes souffrances, les mêmes plaisirs que vous, voilà la *véritable famille*.

Je demandai ma retraite et je préparai mon départ pour la Géorgie. L'éducation de mon fils n'était pas encore terminée, ma fille seule partait avec nous ; elle venait d'atteindre sa quinzième année, son cœur ne pouvait pas encore laisser en France des regrets trop vifs ; habituée à entendre répéter par sa mère et par moi les plaisirs que nous nous promettions, elle les partageait d'avance avec nous. Les succès de mon fils dans ses études me donnaient tout lieu d'espérer que son rang lui permettrait d'obtenir une mission près de nous. Aucun nuage n'obscurcissait donc le court avenir qui m'était réservé sur la terre. Le congrès, en acceptant ma démission, mit encore le comble à mon bonheur ; je fus chargé en Géorgie de l'expression de la satisfaction que donnaient au gouvernement les derniers rapports sur l'état du pays, et d'y décerner les récompenses que l'humanité reconnaissante accordait au travail, au génie.

Je reçus des instructions détaillées pour ma mission ; le congrès m'indiquait les travaux sur lesquels je devais fixer l'attention du peuple que j'allais encourager en récompensant ses grands hommes. Il mit sous mes yeux le tableau du passé et de l'avenir de ces contrées.

Le résultat le plus important que le congrès se proposait d'obtenir était celui-ci : lorsque les premières colonies européennes s'étaient transportées dans ce pays, elles avaient trouvé le sol occupé par une population bien inférieure à elles ; une ligne de démarcation bien prononcée les séparait. Le premier travail qui avait absorbé presque toutes les forces, celui qui nécessairement avait prédominé dans ces établissements, avait été le travail industriel ; car les moyens matériels de communication favorisant la communion spirituelle, la précèdent inévitablement ; de là était résulté que la différence entre les deux espèces de travailleurs paraissait aussi grande, et que le peuple indigène semblait avoir conservé toute son infériorité primitive ; c'était donc, primitivement, sur les travaux apostoliques qu'il fallait appeler l'attention des hommes passionnés, car il s'agissait encore d'une espèce d'affranchissement, pour lequel les moyens matériels étaient tout prêts.

Ainsi, dans la société du passé, la prédominance politique d'une des trois facultés humaines, véritable cause de la séparation humaine en deux classes, constituait tantôt des castes sacerdotales, tantôt une noblesse militaire qui maintenaient le reste du peuple dans l'asservissement. Cette conséquence inévitable des progrès humains se présentait encore aujourd'hui. Le congrès avait remarqué dans toutes les listes de promotions soumises à son approbation, que les colons figuraient seuls aux premiers rangs, et les renseignements qu'il avait demandés sur ce fait prouvaient bien que l'exclusion des indigènes était encore méritée. Mais il était temps de prendre des mesures actives pour en combattre les causes. Déjà un préjugé semblable à celui qui s'emparait toujours autrefois des supériorités constituées tendait à s'établir, bien des gens étaient portés à tirer une absurde conclusion de l'état stationnaire apparent des indigènes ; peu s'en fallait qu'ils ne déclarassent que cette infériorité était absolue : il tenait à des obstacles physiologiques invisibles. De pareilles idées agissaient évidemment d'une manière rétrograde, puisqu'elles contribuaient, par l'immoralité des rapports qu'elles établissaient entre les individus, à retenir les classes inférieures dans l'avilissement.

La mission pour laquelle j'étais appelé se divisait donc en deux parties distinctes ; l'une devait avoir pour but de fixer indirectement l'attention sur les nouveaux travaux à entreprendre, l'autre *passionnerait* directement pour ces travaux.

Ainsi les récompenses étaient particulièrement méritées par de grands succès industriels, mais elles devaient être de nature à faire sentir que l'industrie n'est qu'un des moyens de prospérité sociale, et à rappeler ceux qui avaient été négligés. Par exemple, dans les villes dont l'état matériel était le plus florissant, où l'industrie avait fait le plus de progrès, le gouvernement devait accorder les fonds nécessaires pour l'érection d'un temple, d'un musée, d'une école; et cependant presque toutes ces villes, dans les rapports annuels où elles indiquaient leurs besoins les plus pressants, mettaient en première ligne une route à percer, un pont à construire, des fontaines plus abondantes, une chaire de mécanique à fonder, etc., etc.

Il fallait agir de même à l'égard des hommes qui s'étaient illustrés dans la direction de quelques grandes entreprises industrielles, ou par la découverte de forces nouvelles, ingénieuses applications de la science; le congrès devait les élever à des fonctions auxquelles il attacherait d'autant plus de considération, d'honneurs, qu'elles rapprocheraient des classes pauvres ceux qui en seraient revêtus. L'un serait chargé, par exemple, de la caisse des rentes, de celle des secours, ou de l'administration des hôpitaux; l'autre de la direction des écoles d'application et de perfectionnement, de présider aux expériences scientifiques qui auraient une grande importance, etc., etc. Cette partie des instructions du congrès était pour ainsi dire toute négative, quant au développement de l'industrie; je me sentais bien capable de la remplir dignement, puisque les faits que j'aurais à apprécier rentre-

raient dans les habitudes de toute ma vie; la seconde partie exigeait une autre capacité que la
mienne, elle réclamait l'influence d'un autre nom.

Le congrès avait désigné, pour remplir cette
superbe mission, un homme qui avait d'autres titres que les miens à la confiance, à l'amour des
peuples de la Géorgie, et dont l'éloquence entraî-
nante devait porter la conviction dans tous les
cœurs; c'était lui qui avait sollicité les nouvelles
mesures nécessaires pour l'élévation des classes
pauvres. Il avait fait sur la situation morale du pays
un rapport étendu dans lequel il peignait avec cha-
leur les obstacles qui s'opposaient à ce que cette partie de l'humanité occupât la place qui lui était *destinée* dans l'association universelle. Il rappelait les efforts qui avaient été faits presque inutilement, sous sa
direction, par les artistes, pour détruire l'influence
de l'inégalité qui se témoignait malheureusement
encore avec trop d'évidence dans les actes industriels
pour persuader aux faibles, aux colons et aux indigènes, qu'ils étaient les enfants d'une même famille,
qu'ils puisaient la vie à la même source, qu'ils
obéissaient tous aux décrets souverains qui président
aux destinées de l'espèce humaine. A ses yeux,
tout homme indistinctement, quelle que fût l'étendue de sa capacité, de son *utilité sociale,* pouvait

s'élever au *même degré* de vertu, en soumettant
son intérêt à celui de la société, ses désirs aux *lois
de la morale*, ses passions aux *volontés de la Providence*. A quel degré d'élévation son âme brûlante
ne plaçait-elle pas l'homme qui, dans un état obscur,
étouffant la voix impérieuse des appétits matériels,
obéit scrupuleusement aux révélations profondes qui
l'éloignent du *vice*. Combien il faisait chérir cette faculté d'aimer la *vertu*, la *justice*, le *bien*, de sacrifier
son être au sentiment profond de ses devoirs, de se
juger soi-même, au nom de la société, quel que soit le
résultat du jugement sans s'inquiéter des souffrances
qu'il pourrait imposer, et de braver enfin l'opinion
de ses concitoyens, celle de la postérité même,
lorsque des apparences trompeuses faisaient méconnaître la conduite de celui qui sait se condamner
à la honte, à l'infamie, pour conserver le repos
de la *conscience*. Dans ce tableau plein de charmes, l'homme puissant, qui n'aurait, pour ainsi
dire, jamais eu à lutter avec lui-même, dont les
désirs ne seraient pas étendus au delà des bornes
de sa grande fortune, faisait encore mieux ressentir
l'élévation du malheureux dont je viens de parler.
A la voix de ce généreux consolateur du faible,
tous les hommes, quels que fussent *leurs rangs,
dans la hiérarchie sociale*, étaient appelés à un

nouveau jugement où ils se présenteraient avec des *titres égaux*, car le sentiment ne tient compte que des obstacles qui s'opposent à la vertu et de la force qui les surmonte. Quel mérite le riche et le savant qui n'auraient pas eu à lutter contre l'*esprit tenta-teur*, auraient-ils à ne pas faire un mauvais usage de leur fortune, de leur science? Pourraient-ils s'en prévaloir près de celui qui met avant tout le dévouement, le sacrifice? La philosophie ration-nelle a voulu trouver les preuves de la fraternité, de l'égalité humaine, dans la similitude de l'organi-sation anatomique de l'homme, c'était ailleurs qu'il fallait chercher, c'était dans cette admirable fa-culté au moyen de laquelle nous établissons, entre nous et le monde entier, un rapport sympathique qui nous fait regarder comme sacrée l'obligation de ne pas troubler l'harmonie sublime à laquelle sont soumis l'homme et l'univers, et qui nous porte à croire, à aimer ce qui peut expliquer l'*existence*, la durée, la nécessité d'un si beau spectacle.

Je m'arrête avec trop de plaisir sur les idées ex-posées dans ce rapport ; plus tard l'humanité con-naîtra les sources où la philanthropie de mon géné-reux collègue puisait ses inspirations. Pour cela il lui suffira de peindre sa vie, de faire sur les senti-ments éprouvés par l'artiste un travail semblable à celui que je fais moi-même sur la carrière que j'ai parcourue.

J'étais attendu avec impatience, non-seulement à cause des espérances que l'on fondait sur notre ambassade, mais aussi parce que les relations qui m'unissaient avec ce pays n'avaient pas cessé d'être aussi amicales qu'elles l'étaient autrefois ; et tandis que je lui apportais des récompenses, il se préparait à en décerner une d'un bien grand prix à celui qu'il appelait le Père de la Patrie, l'auteur de sa prospérité. Déjà le congrès avait reçu le témoignage de la reconnaissance excitée par le choix qu'il avait fait de moi pour cette mission ; les bienfaits répandus par mes mains, ses éloges exprimés par ma bouche, acquerraient, lui disait-on, une valeur immense, et compléteraient l'enthousiasme du peuple et son amour pour un gouvernement qui prévoyait si bien ses désirs.

Je ne m'étendrai pas sur l'accueil que je reçus ; mon but n'est pas d'entretenir le public des souvenirs de ma gloire ; je ne m'abandonnerai donc pas à leur touchante influence ; j'ai dit ce que j'ai fait pour la société, ma voix est trop faible pour exprimer ce qu'elle a fait pour moi ; le poëte seul peut dignement chanter la gloire réservée aux élus de l'humanité ; *car il ne met pas de bornes à la récompense,* lui seul doit célébrer la vertu, le génie, car il les chérit comme les seuls guides qui puissent entraîner l'homme à l'accomplissement de ses *hautes* destinées, et là encore son imagination ne rencontra *pas de limites.*

Si les travaux industriels étaient suspendus pendant ces moments de bonheur, les artistes ne laissaient pas en repos les sentiments du peuple. Ce spectacle sublime faisait bien sentir l'absurdité de la critique des fêtes du catholicisme, telle qu'elle avait été produite au xviiie siècle. La cessation des travaux matériels était une complète oisiveté aux yeux des philosophes voltairiens, et en effet quel champ spirituel restait alors à cultiver? Le sacrement de l'Eucharistie réunissait-il le faible et le puissant à la table du Seigneur? Existait-il encore une communion chrétienne? Robespierre et Napoléon avaient-ils bien reconnu le vide de leur époque parce que seuls ils étaient capables de sentir les besoins généraux de leurs concitoyens, et par conséquent de leur commander en maîtres; mais privés tous deux de l'inspiration *créatrice,* l'un avait ressuscité par un *paganisme rationnel* les déesses de la Raison et de la Liberté, l'autre voulait faire revivre le christianisme gallican de Bossuet; tous deux rétablissaient bien le seul pont qui pût faire franchir cet abîme, mais ils le couvraient d'un plancher vermoulu qui permettait à l'humanité de sonder le précipice effrayant qu'elle avait sous ses pas. Saint-Simon nous montra, nous fit toucher les nouveaux matériaux dont il fallait couvrir l'arche chrétienne ; alors, rassurés sur notre marche, nos yeux se tournèrent vers le ciel, et nous avançâmes avec sécurité.

Mais je dépasse encore les bornes que je m'étais imposées ; j'excède la mission que j'ai à remplir ; c'est au vertueux ami qui m'accompagne, c'est au religieux philanthrope, au prédicateur passionné, dont les accents remplissent mon cœur *d'espérances*, au moment même où je dois quitter tout ce que j'aime sur cette terre, qu'il appartient de répandre la lumière sur ces sublimes croyances, sur ces célestes vérités.

Pour moi, ma tâche est accomplie, ma vie sociale est terminée, j'ai rempli ma mission ; le spectacle des progrès de l'humanité me cause toujours de vives jouissances, mais j'ai cessé de contribuer à ces progrès.

Mes affections se concentrent plus que jamais dans ma famille ; l'avenir de mon fils, celui de ma fille, lorsqu'ils seront privés de l'appui de leur père, le tendre attachement d'une compagne chérie, voilà pour ainsi dire les seuls liens qui m'attachent encore aujourd'hui à la terre, voilà le seul mobile excentrique qui me fasse sortir de mon individualité. Je ne puis plus augmenter par mon travail le bonheur répandu autour de moi, je ne produis plus rien, et cependant mes cheveux blancs ne couvrent pas un front chargé de tristesse ; le souvenir de mes travaux, l'aisance et la considération qu'ils m'ont procurées embellissent ma vieillesse ; mais l'enfant seul peut se jouer sur le bord de la tombe, sans songer qu'elle s'ouvrira peut-être demain pour lui ; il ne désire rien, il ne prévoit rien au delà du cercle étroit que sa faible vue peut à peine embrasser ; le vieillard trouverait-il aussi son bonheur dans cette aveugle indifférence ? Non ; mon imagination ne peut rester froide devant l'abîme que ma raison ne saurait sonder, elle ne s'arrête pas à la limite des choses palpables, elle s'élève jusqu'à *l'infini* ; l'inscription infernale du Dante n'est pas écrite à l'entrée de mon cœur, il conserve encore l'ESPÉRANCE.

FIN DES MÉMOIRES D'UN INDUSTRIEL DE L'AN 2240

NOTE

D'ENFANTIN A M. ESPERZ

SUR LA NOTION DE L'INFINI

(1830)

Infini veut dire ce qui est *sans fin*, ce qui ne saurait être *défini*, ce qui ne saurait être *compris;* si Dieu est infini, rien n'est donc *hors de lui,* car il serait *limité*.

On en conclura qu'alors Dieu est *tout ce qui est,* et l'on a raison. Mais on ajoute que s'il est *tout ce qui est,* l'homme est Dieu. — Ici il y a une grosse faute de logique; car il ne s'ensuit pas de ce que Dieu est *tout,* que *chaque* chose soit Dieu, que *chaque être* soit *Dieu*.

L'INFINI dans l'existence *universelle, l'unité* pour l'existence *individuelle,* la MULTIPLICITÉ des êtres que nous distinguons *hors de nous,* voilà trois faits primitifs, trois axiomes que l'homme sait, au delà desquels il ne saurait remonter; ce sont les trois principes sur lesquels reposent toutes ses

CROYANCES, tous ses *actes*, tous ses *raisonnements*.

De ce que l'homme, être *fini* mais *perfectible*,
se sent vivre en Dieu, être infini et parfait, il n'en
résulte aucune contradiction logique. Ce qui en
résulte, c'est un *lien* sympathique plus fort, plus
religieux que jamais, qui attache plus tendrement
que jamais l'être fini à l'être fini, par amour de
l'être imparfait et progressif pour l'être parfait,
infini, en qui, par qui, pour qui l'homme se sent
vivre.

Au moins la discussion porte ici sur le point le
plus élevé du dogme, elle sera donc définitive.
Croire au Dieu *créateur* du chrétien, quand on
est logicien, c'est croire à toute la doctrine chrétienne, car elle découle de la séparation entre
l'ESPRIT *créateur* et la matière ou le MONDE *créé*.
Croire au Dieu, AMOUR infini, lien de l'ESPRIT
et de la MATIÈRE, qui se manifeste EN NOUS et HORS
DE NOUS, qui se révèle tout entier à nous, par
l'UNION de *nous* à ce qui *n'est pas nous*, c'est
être saint-simonien, c'est avoir les mêmes bases,
les mêmes principes que nous, en morale, en philosophie et en politique. Sans doute, il ne faut pas
juger ce que nous ne connaissons pas : c'est pourquoi
ne recherchons jamais à *prouver* l'existence de

Dieu; pour juger ou prouver il faudrait comparer, or Dieu est incomparable, car il est infini.

Vous aimez et adorez Dieu, INTELLIGENCE parfaite produisant une créature qu'il veut *instruire* afin de la rendre heureuse, et qui établit les moyens d'*instruire* cette créature; mais voyez l'homme recevant alors de Dieu même la science qui le doit conduire au bonheur.

Nous aimons et adorons Dieu qui se manifeste à notre AMOUR fini comme amour INFINI, à notre SCIENCE incomplète comme SAGESSE suprême, à notre CORPS borné, limité, par cet UNIVERS sans limite dont nous faisons partie; nous l'aimons parce que nous sentons chaque jour s'élargir notre AMOUR, s'agrandir notre INTELLIGENCE, s'augmenter notre puissance sur la nature, c'est-à-dire parce que nous nous sentons sans cesse nous, êtres finis, marchant vers l'infini, progressant vers lui.

Rien de ce qui unit les hommes entre eux dans votre croyance n'est étranger à la nôtre, mais vous ne pourriez pas dire que le lien que nous offrons aux hommes ne soit bien plus puissant que le vôtre; car *tous* revêtent par Saint-Simon le caractère *divin!* que Jésus seul jusqu'ici a pu porter; *tous* sont *en Dieu,* comme nous; et notre amour pour *eux* et pour *nous-mêmes* est le *double* reflet de notre amour pour Dieu, qui nous renferme tous *spirituellement* et *matériellement*, dans son sein.

Si ce dogme nouveau n'est pas admis, toute discussion ultérieure ne pourrait produire aucun autre résultat que de nous y ramener encore, car c'est là le *principe*.

IDENTITÉ
DU DOGME RELIGIEUX

ET

DE LA THÉORIE POLITIQUE

LETTRE D'ENFANTIN A M. ENCELY

La société catholique n'est-elle pas la réalisation du DOGME chrétien?

La société de l'avenir sera également la réalisation du DOGME saint-simonien?

Retournant cette idée : l'industrie, les plaisirs de la chair, étant foulés aux pieds par les bons croyants chrétiens, la femme était subalternisée et pour ainsi dire exclue du temple, ou du moins exclue de la prêtrise. DONC, dans le DOGME, la chair, la terre, le monde, la femme étaient ou le péché, ou l'instrument du péché, ou la cause du péché.

Dans l'avenir la guerre n'existe plus, l'industrie est une des faces de la société ; la femme prend place dans le temple ; les appétits physiques sont réhabilités comme étant l'une des grandes manifestations de l'homme ; l'estomac n'est pas plus l'esclave du cerveau qu'il n'est son maître, le dogme de physiologie sociale doit DONC exprimer ce fait, et la chair ne saurait accepter la place qu'elle occupe dans le dogme chrétien.

Et toutefois l'industrie ne jouera pas un rôle exclusif dans la société future comme la guerre en jouait un dans celles de l'antiquité; l'*industriel* ne sera pas chef suprême comme le guerrier l'était; il ne sera pas non plus en lutte avec le chef du royaume de l'*esprit,* car la science et l'industrie, filles d'une mère commune, l'église, seront unies par les liens d'une égalité *fraternelle*.

Que si la *chair* était infinie par rapport à l'*esprit,* dans un DOGME religieux quelconque, la société *réalisée d'après ce dogme,* aurait encore des esclaves et même des guerriers; car cette subalternisation étant contre nature, exciterait la révolte armée de la *chair* contre l'*esprit,* et l'une voudrait avoir par la *force* ce que l'autre prétendrait lui enlever par des *arguments*; si la chair est faible et l'esprit fort la lutte entre la pratique et la théorie doit en résulter, la synthèse doit être préférée à l'analyse, et Saint-Simon nous a appris les dangers de ces préférences : Quand on dit : la chair est faible et l'*esprit* est fort, c'est comme si l'on avait dit : la *pratique* sociale, ou la *politique* actuelle, est mauvaise, faisons une *théorie* et appelons à notre aide pour ce travail tous les hommes forts; et tous les hommes forts en effet ont quitté la *pratique du temps* pour la théorie d'*avenir;* et dans les sciences ils ont fait de la métaphysique et ont négligé la physique; et dans l'industrie ils ont encouragé la production (qui travaille prie), mais ils ont flétri la consommation (abstinence, pauvreté, chasteté); et dans les sentiments, ils ont prêché l'humilité et repoussé la gloire; ils ont enfin, comme l'a dit Saint-Simon dans le nouveau christianisme, cultivé les faits généraux, les principes généraux, les intérêts généraux, et négligé les faits particuliers, les principes secondaires, les intérêts privés, en d'autres termes, ils ont plus *rêvé* à la vie *future,* qu'ils n'ont *agi,* dans la vie *présente,* ils ont plus *prié,* qu'ils n'ont *travaillé* à l'amélioration de l'existence morale, physique et intellectuelle du genre humain.

Je n'ai pas besoin de dire que tout ceci n'est pas une *critique* du catholicisme, ni d'ajouter que l'abstraction n'a pas été à beaucoup près poussée dans ses dernières conséquences, cela est impossible; mais aussi il y avait alors du sacré et du profane, et le profane était *toléré,* mais non formellement *encouragé* par le dogme chrétien.

Je viens de faire ces rapprochements du DOGME

RELIGIEUX avec la politique qui en est la RÉALISATION pour qu'Encely se pose cette question : quel sera le DOGME d'une société dans laquelle la THÉORIE n'aura pas de supériorité sur la PRATIQUE, la SYNTHÈSE sur l'ANALYSE, le DEVOIR sur l'INTÉRÊT, la COMBINAISON des efforts sur la DIVISION du travail, la SCIENCE sur l'INDUSTRIE, l'HOMME sur la FEMME ? Je suis convaincu que s'il avait bien réfléchi, tout ce que nous avons dit sur l'ESPRIT et la CHAIR lui aurait paru concorder parfaitement avec notre vue sociale, tandis qu'au contraire la subalternité de la CHAIR à l'ESPRIT lui aurait semblé incompatible avec l'avenir saint-simonien.

Sans doute pourra dire Encely : mais aussi la chair sera sanctifiée, car ce sera une *œuvre* de Dieu, œuvre sainte, et il n'est pas nécessaire pour cela de la considérer comme la *manifestation* de Dieu.

Mais je réponds : la chair était une œuvre de Dieu dans le christianisme, et même comme l'a dit saint Augustin (Cité de Dieu, liv. XII, ch. II); il n'y a que ce qui *n'est pas* qui est contraire à Dieu, puisque Dieu est la souveraine *essence* puisqu'il est celui qui *est;* d'où vient donc que, d'un autre côté, la CHAIR (œuvre de Dieu), était le péché? C'est que la CHAIR était à jamais en *dehors* de

Dieu, que rester dans ses liens, c'était rester éloigné de Dieu ; que Dieu étant ESPRIT et n'ayant pas
de CORPS, l'homme qui faisait servir l'ESPRIT à
améliorer le CORPS était un PROFANE, tandis que
celui qui mettait le CORPS dans l'esclavage de l'ES-
PRIT était un SAINT. Et qu'on ne cite pas quelques
préceptes qui sont en oppositition avec ce DOGME
fondamental et par lesquels on semblait quelquefois
mettre l'ESPRIT au service du CORPS ; car j'examine
les faits généraux, et il est évident qu'en masse tel
était l'esprit du christianisme, et que la CHAIR
n'était jamais élevée que par suite de transactions
semblables à celles qui résultaient de la phrase
célèbre : Rendez à César ce qui est à César et à Dieu
ce qui est à Dieu, phrase qui aurait eu le même
sens si Jésus avait dit : Rendez à l'ESPRIT ce qui
est à l'ESPRIT et à la CHAIR ce qui est à la CHAIR.
Or personne de nous ne doutera, en jugeant par
Saint-Simon le christianisme, que rendez à la chair
ce qui est à la chair n'ait dû avoir le même résultat
et la même cause que rendez à César ce qui est à
César, c'est-à-dire que, provoqués par le même
sentiment (l'éloignement pour les appétits PHYSI-
QUES), ces deux formes d'un même précepte auraient fait de l'humanité un grand couvent d'ana-
chorètes pacifiques, vivant de racines, travaillant

aussi peu que possible à la culture du globe. Or le DOGME de l'avenir doit être fort éloigné de produire le même résultat, et, quoi que nous puissions dire : rendez à la CHAIR ce qui est à la CHAIR et à l'ESPRIT ce qui est à l'ESPRIT, on n'interprétera pas cette phrase comme eux ; car il y aura autant de mérite dans l'accomplissement de la première partie du précepte que dans celui de la deuxième, mais pour cela que faut-il ? Que Dieu ne soit pas ESPRIT seulement mais qu'il ait un CORPS.

Maintenant je vais aborder directement les objections d'Encely ; puisque j'ai préparé les voies en lui montrant, que l'industrie, la femme, les appétits physiques prennent leur place dans la société de l'avenir, tandis qu'ils ne jouaient aucun rôle dans l'ordre religieux du moyen âge, il faut nécessairement que le summum du DOGME catholique (Dieu est ESPRIT et n'est pas CORPS), soit modifié, sans quoi un nouveau catholicisme se reconstruirait, l'ORDRE POLITIQUE n'étant que la réalisation du DOGME RELIGIEUX.

Encely nous reproche de tomber dans le panthéisme, dans le spinosisme, et d'être sur la voie logique du MATÉRIALISME, il a raison ; pourvu qu'il reconnaisse que d'un autre côté nous sommes sur la voie du SPIRITUALISME ; et qu'il s'explique cette *double* voie par le but *unique* vers lequel elles convergent l'une et l'autre, c'est-à-dire comme révélant à l'homme, autant qu'il lui est donné de le connaître, l'impénétrable mystère de la VIE, du SENTIMENT, de l'ÊTRE. Cette double voie menant vers un même but, nous la *remontons*, tandis que les matérialistes et les spiritualistes, parcourant une seule de ses branches, et négligeant l'autre, *divergent* du but unitaire et marchent par conséquent l'un et l'autre vers l'égoïsme, *descendent* la route que nous montons, partant du collectisme pour arriver au moi individuel, c'est-à-dire procédant en ordre inverse du développement de l'humanité, ou en d'autres termes quittant le Dieu universel pour arriver au fétichisme, c'est-à-dire à la divinité du moi.

Pour nous, au contraire, Dieu n'est ni le *sujet* ni l'objet; nous ne sommes ni anthropomorphiste, ni panthéiste, mais nous tendons les bras aux uns et aux autres pour leur donner ce qui leur manque, pour les sortir du *rêve* de l'ABSTRACTION, et leur montrer la *réalité* de l'ÊTRE.

Rappelez-vous ce que Saint-Simon a dit sur les corps *bruts* et les corps *organisés*, sur l'*analyse* et la synthèse; il nous a appris par là ce qu'il faut dire sur la CHAIR et l'ESPRIT; il faut être à cheval sur les deux rameaux du tronc universel, il faut remonter les deux fleuves jusqu'à leur source commune, il faut donner au piston de la pompe le *double mouvement* pour être un véritable enfant de notre maître.

Remarquez que ce qui trouble Encely, c'est qu'il se figure que nous savons mieux ce que c'est que la MATIÈRE, que nous ne connaissons la nature de l'ESPRIT. L'un est aussi mystérieux que l'autre; et ce qui l'est plus encore peut-être que tous deux, c'est leur union harmonique, constituant ce que nous appelons un ÊTRE ; et ce triple mystère, qui est celui de l'homme lui-même, est aussi celui de tout être, par conséquent de l'être infini. Cette prédisposition est le résultat de l'influence, involontaire de la part d'Encely, qu'exercent sur lui les prétentions de notre siècle qui croit ne pas être *crédule* parce qu'il est *matérialiste ;* il n'y a cependant pas de quoi se vanter, car la définition du CORPS BRUT ne peut se donner que par une négation, et la MATIÈRE est impénétrable, comme Pascal et tant d'autres l'ont démontré.

Une chose encore l'embarrasse, c'est le mot *abstraction* et la manière dont il nous a vu l'employer : il est bon pour cela de nous expliquer ensemble sur ce mot. La faculté d'abstraire, d'isoler, de séparer, est en même temps et la preuve de la *faiblesse* de l'homme et la preuve de sa *puissance* ; elle est l'attribut de l'être *fini* et *progressif*, car l'être infini ne saurait rien isoler de lui, et ne s'isolerait pas lui-même, puisqu'il est par définition infini. Si Dieu nous *apparaît* comme TRIPLE, il est *essentiellement* UN, car non-seulement nous ne pouvons pas dire que des êtres plus ou moins perfectionnés que nous, ne sauraient l'envisager sous plus ou moins de trois aspects, mais encore il serait absurde de croire qu'il ait besoin, lui, être *infini*, de *diviser* pour *comprendre* son ÊTRE : Il n'y a pour lui ni MATIÈRE, ni ESPRIT, comme il n'y a pas d'ESPACE ni de TEMPS, car il est INFINI ÉTERNEL ; comme il n'y a pas pour lui d'abstraction, car il est l'être parfait.

Il y aurait absurdité, pour ne pas dire blasphème, à dire que Dieu éprouve des besoins PHYSIQUES et INTELLECTUELS, de même que nous serions fous, si, parce que la terre et l'homme nous apparaissent comme se développant, nous disions que l'ÊTRE INFINI est PERFECTIBLE. Les abstractions auxquelles l'homme se livre n'ont donc d'autre valeur, d'autre *réalité* que celle-ci ; c'est qu'elles lui permettent d'étendre sans cesse le champ *du* FINI et, à chaque progrès qu'il fait, de se confondre de plus

en plus devant l'INFINI, de l'adorer plus ardem-
ment. Ce qui peut s'exprimer *politiquement* de
cette manière, savoir : que les progrès des SCIEN-
CES et de l'INDUSTRIE n'ont de valeur que parce
qu'ils font que l'homme SAIT et PEUT chaque jour
mieux aimer. Ou autrement que le SAVANT et l'IN-
DUSTRIEL ne sont des hommes que s'ils CHÉRIS-
SENT le PRÊTRE.

NOTE

D'ENFANTIN SUR LES RELIGIONS

(1829)

———

Tous les phénomènes sont liés.

Ils exercent une action et une réaction conti-
nuelles les uns sur les autres.

Chacun d'eux est en même temps centre et circonférence.

———

Qu'est-ce que la religion? C'est la *croyance* que
l'action exercée sur nous par l'ensemble des phénomènes qui nous entourent doit être suivie de telle
ou telle réaction de notre part, ou en d'autres termes, la religion, c'est un *dogme* et un *culte*, c'est
l'expression de la manière dont nous nous sentons
affecté par le monde extérieur et du mode de
réaction que nous devons exercer sur lui ; c'est le
mobile qui fait passer de la *passivité* à l'*activité* du
centre à la *circonférence*, de la *théorie* à la *pratique*, de l'*individualité* à l'*universalité*, du *moi* au
non-moi, du *temps* à l'*éternité*, et réciproquement.
C'est enfin le lien qui attache l'égoïsme et le dévouement, et les entraîne vers le même but : par

elle, Dieu se révèle à l'homme et l'élève vers lui.

Qu'est-ce que la partie spirituelle de la religion ? C'est le *dogme*, c'est la science, c'est la théorie.

Qu'est-ce que la partie temporelle de la religion ? C'est le culte, c'est la réaction de l'homme sur l'univers, c'est la pratique.

Quand y a-t-il religion ? Lorsque le culte et le dogme sont *harmonisés*, quand l'intérêt et le devoir, l'égoïsme et le dévouement, la *théorie* et la *pratique* mènent au même but ; lorsque les corps bruts et les corps organisés sont soumis à une même conception, c'est-à-dire sortent de la main d'un seul DIEU.

Quelles sont donc les qualités du prêtre ? de l'homme jugé digne des fonctions pastorales ?

Le prêtre doit être l'homme le plus capable de mettre l'ordre entre la théorie et la pratique.

NOTE D'ENFANTIN

SUR LE PRÊTRE DE L'AVENIR

(1829)

Le prêtre, avons-nous dit, est l'homme dont les sympathies sont les plus développées. De quelles sympathies parlons-nous? Le prêtre est-il l'homme qui aime le plus à faire des découvertes scientifiques, à faire un acte industriel? Non, sans doute ; le prêtre aime la science autant qu'il aime les *hommes* qui font connaître les actes de Dieu ; il aime l'industrie, c'est-à-dire qu'il aime *les hommes,* appliqués à l'œuvre de la création matérielle. C'est donc l'amour des hommes, la sympathie de l'humanité qui domine le prêtre ; l'étude du savant, le travail de l'industriel sont des choses qu'il aime, mais qu'il ne fait pas ; il sent l'importance de leurs résultats pour le bonheur de la créature, pour la gloire du Créateur, voilà tout ce qu'il sent ; il le répète, il le prêche, il écrit ce qu'il éprouve, voilà sa mission, car sa parole est une sanction, un exci-tant, et par conséquent un ordre pour tous.

L'éducation primaire, nous dit-on, n'est ache-

vée pour chaque homme qu'au moment où il est
capable d'embrasser l'une des trois routes. Adop-
tons préalablement une définition du mot *primaire* : toujours est-il que l'éducation primaire dirigée par le prêtre a principalement pour but la
morale, non que les principes du dogme et les pratiques élémentaires soient retranchés de cette première éducation ou plutôt de l'éducation proprement dite, mais parce que la première chose dont
il faut s'occuper dans la société est de faire des
êtres *sociaux* ou moraux, ce qui est la même
chose.

Personne ne conteste au prêtre la faculté de reconnaître mieux que qui que ce soit dans les élèves
de ces écoles primaires, les jeunes gens qui ont une
vocation pour la prêtrise, et pour cela ils choisissent
non pas les hommes ayant les *sympathies* les plus
développées, mais *la* sympathie sociale la plus
forte ; en d'autres termes, les enfants qui aiment le
mieux leurs camarades et qui sont le plus aimés
d'eux, voilà les élus, voilà les lévites voués au
Seigneur. Ainsi un enfant peut avoir un goût prononcé pour l'*étude* ou pour le *travail* (en appliquant ces mots à la science et à l'industrie comme
je l'ai fait tout à l'heure), ce n'est pas là l'affaire
du prêtre, non qu'il n'aime ni les savants, ni les

industriels, mais parce qu'il aime surtout dans la
science, et dans l'industrie, leur influence moralisante pour la société, *bien plus encore* que
les progrès des lumières et des richesses qui résul-
tent d'elles, progrès que les savants et les industriels ont au contraire plus particulièrement en vue.

Le plus grand savant, le plus grand industriel,
sont évidemment des hommes très-passionnés,
comme je l'ai déjà dit, pour les études rationnelles
et pour les travaux industriels; or, je le répète,
avec ces passions-là on devient physiologiste social,
ou banquier, ou publiciste ou administrateur; mais
on n'est pas prêtre.

Si je fais ainsi la part du savant et de l'industriel, je ferai par les mêmes raisons celle du
prêtre.

Ce pasteur ne vit que par l'amour qu'il ressent
pour son troupeau et par l'affection que ses brebis
lui témoignent; le prêtre n'aime pas la science
et l'industrie, parce qu'elles font son bonheur,
mais parce qu'elles sont aimées par des frères
qu'il chérit; vouloir faire plus du prêtre, c'est
méconnaître l'imperfection humaine, c'est prêter le
flanc à l'objection de Fournel, car elle serait alors
très-fondée. Pour qu'un prêtre sanctionne une découverte scientifique ou des travaux d'industrie, il

faut qu'il sente comment les nouvelles acquisitions agiront sur les relations morales des hommes entre eux, c'est là son criterium, c'est le seul qu'il possède, aussi ne fait-il que sanctionner. Des exemples feront sentir ce que j'entends par là. Le prêtre décerne les prix dans les écoles et dans les ateliers, et cependant ce n'est pas lui qui juge les compositions ou les chefs-d'œuvre ; il nomme à toutes les fonctions, à toutes les dignités sociales; mais si c'est un industriel qu'il élève, il ne fait que confirmer le jugement de la Banque, et si c'est un savant, le jugement de l'Université.

J'ai dit que ce serait méconnaître l'imperfection humaine que de vouloir faire plus du prêtre, et cela me ramène à cette épithète d'homme *général* que nous lui avons quelquefois donnée, elle me paraît parfaitement juste ; mais je dois d'autant plus m'expliquer que les phrases qui précèdent ont pu donner le change et faire croire que l'artiste était pour moi un homme spécial aussi bien que le savant et l'industriel. On est spécial (du moins l'homme) parce qu'on ne fait que *certaines* choses dans l'atelier social, mais pour être général, il faut que tout ce qu'on fait soit général. Or, l'examen que l'on ferait d'un jeune homme pour savoir s'il est propre à une spécialité (la science ou l'indus-

trie) n'est pas de l'ordre des faits généraux ; pour
faire cet examen, il faudrait que le prêtre commen-
çât par s'abstraire au point de subordonner la faculté
qui, par définition, est prédominante en lui. Qu'il
déclare qu'un savant a fait un acte moral, rien de
mieux ; mais qu'il juge mieux qu'un savant si un
jeune homme a des dispositions prononcées pour la
science, c'est absurde.

Ici l'on dit que les savants seront disposés à reconnaître et reconnaîtront la faculté scientifique
chez tous les hommes; cela est vrai, mais c'est
aussi là que je reconnais l'intervention et la sanction du prêtre. Il ne prononce pas sur le degré de
prédominance de la faculté rationnelle chez les individus, mais il sent aussi bien les besoins de l'industrie que ceux de la science, et si le savant voulait faire de toute la société une académie (ce qui,
par parenthèse, serait supposer que les savants
seraient des savants purs, qu'ils ne seraient pas des
hommes, puisqu'ils n'auraient pas la moindre envie
de voir réaliser leurs conceptions en perfectionnant
les instruments de leurs découvertes); si pareil cas
se présentait, dis-je, le prêtre agirait de toutes ses
forces sur ces spécialités aveugles et les rappelle-
rait à l'unité.

Le prêtre est plus général que le savant et l'in-

dustriel ; cela ne veut pas dire qu'il sente davantage les besoins de la science ou ceux de l'industrie
que ces deux spécialités ; au contraire, il les sent
moins comme abstraction, comme spécialité, mais
il les lie, et c'est ce qui le constitue prêtre. C'est
précisément parce que l'amour des savants pour la
science et celui des industriels pour leurs travaux
est plus fort que dans le prêtre et pourrait les entraîner l'un à faire un observatoire, l'autre à se
transformer en machine, que l'homme qui aime
l'observation et les machines, mais qui *Par-Dessus
tout* aime la société telle que Dieu l'a faite, c'est-
à-dire la société cherchant à *connaître* la volonté
divine et aussi à l'*exécuter*, rappelle à tous deux
leurs devoirs comme êtres sociaux, plus encore
qu'il ne réveille en eux leur amour pour les abstractions qui les charment. Ainsi le prêtre parlera
au savant surtout du bien qui résulte de l'application de la science aux besoins de l'humanité et à
l'industriel de l'avantage que procurent à la société
ses travaux qui permettent de *connaître* chaque
jour de mieux en mieux la volonté d'un Dieu *in-
telligent* et bon.

Je me rappelle bien avoir pensé autrefois, quand
nous n'étions pas fixés sur la valeur du mot prêtre,
que les artistes devaient exciter les savants à faire

des découvertes et les industriels à modifier le globe. Cette idée me paraît complétement fausse ; c'est comme si l'on disait qu'il faut prêcher l'économie à un avare, le repos à un homme qui n'aime pas à sortir de son cabinet, l'action à celui qui a du vif-argent dans les veines.

L'artiste ou le prêtre, c'est l'homme qui ramène toujours les autres hommes à l'unité sociale, à l'ordre divin tel que nous le concevons ; là où il voit une *abstraction, il se sert d'elle* pour pénétrer dans le cœur qu'elle tend à briser et lui redonner la vie humaine. Ainsi il s'en rapporte au corps des savants pour faire aimer la science aux jeunes théologiens ; ce qu'il lui importe à lui, c'est de la faire bénir par les industriels, comme il veut que les savants reconnaissent toute la valeur de l'industrie.

Ceci me semble préciser ce que j'ai dit en commençant sur les sympathies ; précisément parce que le prêtre les éprouve toutes, il n'y a que leur ensemble qui l'affecte plus vivement qu'il n'émeut tous les autres hommes ; les sympathies spéciales ont prise sur lui, mais à un degré inférieur, en tant que spécialité, à l'influence qu'elles exercent sur les hommes spéciaux ; la sympathie sociale ou générale, en d'autres termes *l'amour de Dieu*, lui dicte seul ses actes et ses paroles ; au savant au contraire, c'est *l'intelligence* de Dieu qui se fait entendre, à l'industriel *c'est sa puissance créatrice.*

Et qu'on ne m'objecte pas qu'on remonte aussi bien à Dieu par son intelligence et sa puissance que par son amour; je le sais, mais avant toutes choses, Dieu est amour, comme avant tout savant et tout industriel est le prêtre; comme avant tout raisonnement ou tout acte est la conception.

A notre dernière discussion, il semblait que nous voulions dépouiller le prêtre, tandis que nous prétendons au contraire l'enrichir, c'est-à-dire relever sa dignité en ne lui faisant pas faire des choses trop spéciales pour lui. Déjà il a été à peu près convenu entre nous que le prêtre, dans l'éducation primaire, aurait des adjudants savants ou industriels initiant la jeunesse aux éléments des sciences et aux premières pratiques de l'industrie. Quant à moi, en particulier, je l'ai dit et je le répète, il me répugne de penser qu'un prêtre, un artiste même du plus bas étage, montrera la géométrie à des enfants; ce n'est évidemment pas l'affaire d'un homme qui a besoin, pour être content de l'emploi de sa journée, d'avoir prêché l'amour et le dévouement.

Poursuivons : si nous avons reconnu que le prêtre se servait d'adjudants savants et industriels pour COMMENCER L'INSTRUCTION théorique et pratique des enfants, pendant qu'il leur donne L'ÉDUCATION, du moins avons-nous constaté que ces professeurs subsidiaires étaient, pendant toute la durée de l'éducation morale ou simplement éducation, des adjudants. Ce qui domine dans les premières années de l'enfance, c'est donc l'éducation morale; or, si cela domine, n'est-ce pas dire que le moral de l'homme devra être le *seul* résultat positivement obtenu par ses premières années, et qu'il viendra un jour où l'éducation morale sera non pas achevée, puisqu'elle se prolonge pendant toute la vie, mais au moins solidement fondée, tandis qu'on n'aura fait que des fouilles superficielles dans le terrain scientifique et industriel. Or, tout homme, prêtre ou non, a besoin d'avoir un fondement d'*instruction* aussi bien qu'un fonds d'éducation. Pourquoi ne faisons-nous pas pour cette époque de la vie de l'homme les mêmes raisonnements que nous avons faits pour la première? Pourquoi l'instruction ne deviendrait-elle pas alors l'objet principal, comme l'éducation l'a été précédemment, aidée qu'elle serait alors par des adjudants industriels, mais toujours sous la haute surveillance du prêtre, président-né, partout où la théorie ou la pratique sont en présence et surtout là où l'une ou l'autre a

la haute main? Qu'on appelle encore cela l'école
primaire, si l'on veut, du moins est-il vrai que si
la première partie du temps a été consacrée plus
spécialement à l'éducation morale, la deuxième le
sera à l'instruction; alors et seulement alors toutes
les facultés se seront témoignées. Les professeurs
de la première partie, de l'éducation primaire, ou
les prêtres, classeront les élèves d'après leurs sentiments; les professeurs de la deuxième partie les
classeront par leurs raisonnements. Ceux qui n'auront fait ni leurs preuves morales ni leurs preuves
intellectuelles seront nécessairement industriels. Il
n'y a pas de moyen plus certain pour avoir le
moins d'erreurs possible dans le classement.

FIN DU TROISIÈME VOLUME

DES ŒUVRES D'ENFANTIN

TABLE DES MATIÈRES

———

Imprimerie L. TOINON et Cᵉ, à Saint-Germain